武器装备实战化

——需求生成、设计实现与能力评价

目光团队　著

中国宇航出版社

·北京·

图书在版编目（CIP）数据

武器装备实战化：需求生成、设计实现与能力评价／目光团队著. -- 北京：中国宇航出版社, 2019.5(2023.5重印)

ISBN 978-7-5159-1619-4

Ⅰ.①武… Ⅱ.①目… Ⅲ.①武器装备-研究 Ⅳ.①E145

中国版本图书馆 CIP 数据核字(2019)第 070534 号

责任编辑 彭晨光　　**封面设计** 宇星文化

出版发行	中国宇航出版社		
社址	北京市阜成路 8 号	**邮编**	100830
	(010) 60286808		(010) 68768548
网址	www.caphbook.com		
经销	新华书店		
发行部	(010)68767386		(010)68371900
	(010)68767382		(010)88100613(传真)
零售店	读者服务部		
	(010) 68371105		
承印	北京厚诚则铭印刷科技有限公司		
版次	2019 年 5 月第 1 版		2023 年 5 月第 2 次印刷
规格	880×1230	**开本**	1/32
印张	6.5	**字数**	187 千字
书号	ISBN 978-7-5159-1619-4		
定价	90.00 元		

本书如有印装质量问题，可与发行部联系调换

前　言

编写《武器装备实战化——需求生成、设计实现与能力评价》一书，笔者希望达到四个方面的目的：一是落实习近平主席关于武器装备实战化的要求，使用部门应从理论、方法、实践上对这一前沿领域有所突破；二是解决使用部门对实战化需求牵引性不足，实战化具体应包含哪些内容且尚存在缺项等问题；三是解决研制部门对实战化的理解和认识不足，武器装备的实战化要求和实际落实存在差距等问题；四是解决鉴定部门的实战化评价机制尚不健全，针对性也不强等问题。

本书遵循四个原则：一是实战化是装备的固有属性，实战化是武器装备与生俱来的属性，是通过设计赋予的；二是武器装备实战性不仅仅是六性，还应考虑好用、实用、管用的能力要求，是系统的整体特性；三是实战化是一种用户体验，用户要求与用户体验存在差异；四是实战化需要过程检验、不断增长，且可以度量、检验、评价。

本书分为十章。第一章研究武器装备实战化的目的和意义，阐述了进行实战化研究的目的和意义。第二章介绍武器装备实战化的理论基础，提出了实战化问题的两重性本质、用户体验理论、OODA 理论、企业和产品竞争力理论，以及美俄实战化研究理论，为武器装备“能打仗、打胜仗”提供强大的理论基础。第三章为武器装备实战化概述，对什么是武器装备实战化、如何提出武器装备实战化需求、如何设计实现实战化、如何评价武器装备实战化能力等进行理论和方法的阐述，建立的方法工具包括系统工程设计方法、用户体验设计方法、等效边长法、基于扩展 Excel 的多要素整合选择式实战化评价平台。第四章为好用性的研究，继续下探到好用性以挖掘其具体特征、具体表现形式、具体研究方法等，好用性研究内容主要包含用户需求、易用性研究等。第五章为实用性的研究，进一步挖掘实用性的具体特征、具体表现形式、具体研究方法等，实用性研究内容主要包含可靠性、维修性等六性的研究，以及通用性、潜力性研究。第六章为管用性的研究，进一步挖掘管用性的具体特征、具体表现形式、具体研究方法等，管用性研究内容主要是对抗性的研究，离开对抗性，那么管用性就无从谈起。第七章为美俄弹道导弹实战化分析，以外军三个典型的弹道导弹为对象，开展相关分析评价工作，以验证武器装备实战化分析、设计、评价方法的正确性、有效性和可操作性。第八章为美国巡航导弹实战化分析，以美国三个典型的巡航导弹为对象，开展相关分析评价工作，以通过对美军巡航导弹实战性的分析解读，一方面验证武器装备实战化分析方法的合理性，另一方面为提高武器装备实战化水平提供借鉴。第九章为俄罗斯防空导弹实战化分析，以俄罗斯三个典型的防空导弹为对象，开展相关分析评价工作，对其实战性进行试评价。第十章为美国空空导弹实战化分析，以美国三个典型空空导弹为对象，开展相关分析评价工作，通过对实战性的分析和评价，从某种程度可以映射出美国在确定空空导弹作战需求和进行防空导弹设计中的一些思想、观念和方法。

本书的适用对象包含三方面用户：一是使用部门，用于提出实战化的需求；二是研制部门，用于开展实战化论证、设计、制造工作，三是鉴定部门，用于指导实战化的鉴定以及进行能力评价工作。

本书是作者对武器装备实战化作战规律特点的思考和总结，开拓了实战化研究的新领域。这种思考和总结是阶段性的，提出的一些概念、理论和方法是带有指导性和方向性的，距离实际的操作性还有一定差距，未来还需要我们针对不断变化的实战化环境，持续深化研究。希望得到读者的批评和指正。

目 录

第一章　研究武器装备实战化的目的和意义

“武器装备只有经常在贴近实战环境中使用，才知道到底好用不好用、管用不管用。武器装备不用就是一堆废铁，不经常实战化运用就是个花架子”，这是研究武器装备实战化的根本着眼点和出发点。武器装备实战化是武器装备实战能力的度量，是军队和国防实战能力的重要标志。武器装备实战化随着战争的出现而诞生，随着战争的演变而发展。“能打仗、打胜仗”是衡量武器装备实战能力的唯一标准。

一、战争中的教训

战争是武器装备最好和最终的试验场。战争是检验武器装备实战能力的实践性标准。实战能力强的武器装备是“能打仗、打胜仗”的物质基础，而实战能力差的武器装备则会导致战争失败，或在战争中使军队付出惨重的代价。

（一）越战时期的空空导弹

实战中大规模使用空空导弹的是越南战争。当时，空空导弹稳定性差，命中率不高。据统计，越南战争期间，美军战机共发射麻雀空空导弹589枚，仅55枚命中目标，命中率不到10%。响尾蛇空空导弹的命中率也只有18%，而战前的导弹测试结果分别是71%和65%。同时，仅有一半数量的导弹能够正常使用。越战中麻雀空空导弹的故障率一度高达80%，原因在于其构造过于复杂：它配有大量传感设备，只有所有设备正常工作，导弹才能击中目标，但实战中很多敏感器件会出毛病，尤其在东南亚高温高湿的气候下，环境适应性问题凸显。越战时期，美国空军 F－4C 战斗机发射麻雀空空导弹的操作过于复杂。每次发射一枚麻雀空空导弹，飞行员要完成 5 个动作，从确定目标到完成锁定大约需要 4～5 秒，扣动发射扳机后还要等 2 秒左右导弹发动机才能完成点火和发射。即使有经验的飞行员也很难在变化莫测的空战中把握导弹的发射时机。而越南的米格-17、米格-21 战斗机尽管以配备机炮为主并少量配备导弹，但飞机操作简单且高效，反而取得了较好战绩。

分析美军战机实战能力差的原因有以下四个方面：

首先，导弹总体设计定位不准确。早期的雷达制导中程空空导弹是按拦截轰炸机要求设计的，导弹机动过载小、响应慢，显然不足以有效攻击具有较大机动能力的战斗机。

其次，导弹可靠性低。由于当时技术水平的限制，导弹元器件可靠性本就不高，设计时显然也没预料到导弹将在远离本土的陌生环境下使用，越南的湿热气候堪称电子元件的杀手，使得麻雀空空导弹在实际应用过程中频繁发生故障。

再次，与雷达制导中程空空导弹配套的机载雷达和火控系统水平不高，视距外敌我识别问题没有解决。在越南空战初期就出现了两次美机发射麻雀空空导弹误伤友机的事件，为此美军规定飞行员在发射空空导弹之前必须目视识别目标，这就迫使具有视距外空战能力的麻雀空空导弹必须在视距内发射，丢失了自己本来的优势。

最后，美军战术运用不当。在越战初期的空战交锋中，美军飞机经常陷入与越南飞机的近距缠斗中，在这种情形下发射麻雀空空导弹，导弹本就很难命中机动目标，半主动雷达导引体制的固有缺陷又限制了载机发射导弹后的战术动作，无异于以己之短攻敌之长。

值得一提的是，由于美军军兵种之间在武器研发与战术运用指导思想上存在隔阂，响尾蛇空空导弹在该时期的系列化发展被截然分成了海军与空军两条路线。

尽管最初是海军主导了响尾蛇空空导弹的研发进程，同时响尾蛇空空导弹又是空军主导下猎鹰导弹的竞争对手，但最终响尾蛇空空导弹还是为美国空军所接纳，只不过接纳过程颇费了一番周折。空军一开始并不打算使用响尾蛇空空导弹，对其而言，身为全球规模最大的空军，其主力战机 F-4 系列却是由海军发展出来的，如果主力空空导弹也采用海军主导研发的武器，实在是一件有损颜面的事情。因此，尽管初期针对第一代响尾蛇 AIM-9B 导弹进行了装备测试，但空军还是坚持使用猎鹰系列中的 AIM-4D 导弹参加越战。结果，猎鹰导弹在越南战场上的表现令人失望，空军只好让自己的战机改用响尾蛇空空导弹。

两个军种虽然都将响尾蛇空空导弹作为战斗机的标准装备，但在对响尾蛇空空导弹的运用与发展上仍存在差异。相比之下，海军更重视响尾蛇空空导弹在空战中的作用，而空军则由于多方面原因更倾向于在空战中使用麻雀空空导弹。在响尾蛇空空导弹装备发展上，整个 20 世纪 60 年代美国海、空军也都是沿着各自不同道路对响尾蛇空空导弹进行改进升级。这种分裂的状态直到 20 世纪 70 年代才结束。

（二）第四次中东战争的反舰导弹

第四次中东战争（又称赎罪日战争、斋月战争、十月战争）发生于 1973 年 10 月 6 日至 10 月 26 日。起源于埃及与叙利亚组成联盟分别攻击六年前的第三次中东战争中被以色列占领的西奈半岛和戈兰高地。战争的前两日埃叙联盟占了上风，但此后战况逆转。至第二周，叙军退出戈兰高地。在西奈，以军从埃及、叙利亚两军之间发起攻击，越过苏伊士运河（原来的停火线）。最后以叙利亚战败，埃、以双方停火和谈结束。

此次战争中，叙利亚、埃及使用冥河反舰导弹与以色列迦伯列-I 反舰导弹的对攻成为反舰导弹对攻使用的典型战例。第三次中东战争中，创造辉煌的冥河导弹在此次战争中一败涂地，共发射 50 发，竟无一命中，而以色列使用的迦伯列-I 导弹脱颖而出。

1973 年 10 月 6 日，埃及、叙利亚为收复失地，向以色列发动突然袭击，第四次中东战争爆发。当晚，以色列便组成由 5 艘导弹艇构成的编队从海法港出发进入叙利亚领海，主动出击。叙利亚海军则在港口待机迎敌。以色列导弹艇编队在靠近叙利亚海域前方，击沉了叙利亚的 1 艘雷达警戒艇和 1 艘扫雷艇。之后，叙利亚 3 艘导弹艇从 24～35 千米外向以色列导弹艇发射 7 枚冥河导弹，早有防备的以色列导弹艇迅速向导弹来袭方向发射远、近程箔条干扰弹。只见在远处一阵爆炸过后，闪闪发亮的锡箔形成一片金属丝“云雾”，欺骗来袭导弹的制导雷达。与此同时，以色列导弹艇还采取机动规避和速射炮拦截等措施，使冥河导弹或偏离预定目标、或被速射火炮击毁。然后，以色列导弹艇编队高速向东南方向前进，搜索发射导弹的叙利亚导弹艇编队。10 月 8 日 0 时 45 分，以色列导弹艇集结后向西南方向撤出，安全返回海法基地。

10 月 8 日，以色列海军截获了埃及导弹艇从亚历山大港移向塞得港的电报，以色列海军立即命令由 6 艘萨尔级导弹艇组成的编队从海法港启航，出海向西搜索。23 时许，双方雷达在相距 56 千米时发现了对方，并开始接敌运动。10 月 9 日 0 时 15 分，埃艇向相距 44 千米的以艇发射了 12 枚冥河导弹，不料又在以艇发射的箔条干扰弹的欺骗干扰下失败，埃艇见势不妙，迅速转向撤回，以艇在规避埃方导弹后，对埃艇紧追不放，到相距 20 千米时，展开了导弹攻击，埃及 3 艘黄蜂级导弹艇被击毁，只有 1 艘侥幸逃脱，以色列海军无一损伤。以色列导弹艇又侵入叙利亚的拉塔基亚港外，用迦伯列导弹击沉 2 艘叙利亚导弹艇和 3 艘外籍商船，当夜还在塔尔图斯外海击沉叙利亚 2 艘导弹艇，而以艇未有任何损失。

冥河导弹虽然射程大于迦伯列导弹，但由于以下三个原因，在对攻作战中惨败。一是冥河导弹雷达导引头抗干扰能力差，在其研制中没有考虑箔条干扰的对抗措施。二是以军通过战前和战中的侦察，掌握了冥河导弹导引头的频率和工作体制，从而掌握了干扰对抗的主动权。三是以军在战术上更加灵活，利用平台的机动能力弥补了导弹射程的不足，利用直升机伴动欺骗使埃及导弹艇判断失误，利用小路多群和多方向攻击的方法提高了命中概率，改善了打击效果。

这次海战为我们留下了许多启迪和思考，以色列海军的胜利证明了体积小、速度快、配备电子反制设备的导弹艇的潜力。但高技术装备并非万能，必须通过相应战术才能发挥作战效能。在战争中，武器是重要的因素，但在双方武器装备水平基本相当，且各有长短的条件下，取胜的关键在于灵活运用战术。冥河导弹打击距离远，但通过电子干扰和规避机动，能降低其命中率，而且这不是唯一的途径，如果能给对方目标识别带来困难，让其向错误的目标发射导弹，则能更有效地保存自己。这次海战中以色列导弹艇使用的战术，最重要的不是向对方发射导弹，而是如何引诱对方判断失误，如何在敌人发射导弹的情况下进行规避和干扰，并迅速接近目标至己方导弹有效打击距离。以色列海军成功地使用了直升机佯动欺骗、电子干扰、小群多路、多方向导弹攻击等战术，既分散了埃及军队的火力，又使其在受到攻击时防不胜防。

冥河导弹的失利体现了实战能力的差距。这种差距体现在缺乏雷达对抗的作战牵引，体现在雷达导引头抗干扰能力差的设计因素，体现在战术运用的僵化。

（三）莫斯科保卫战的德军装备

莫斯科保卫战是第二次世界大战苏德战争中的重要战事。战事从 1941 年 10 月一直持续到 1942 年 1 月，包括苏军为粉碎向莫斯科进攻的法西斯德国中央集团军各突击集群而实施的一系列防御和进攻战役，最终以苏联红军的胜利而告终，宣告了希特勒“闪电战战无不胜”神话的破灭。

根据德军台风计划，德军第 2 装甲集群在布良斯克方向，第 3、第 4 装甲集群在维亚济马方向，相继开始了进攻。尽管苏联红军进行了顽强抵抗，德军仍然突破了防御，于 1941 年 9 月下旬夺取了布良斯克。10 月 3 日，奥廖尔陷落，10 月 7 日，德军进抵济马地区。

10月13日，苏联红军维亚济马军团大部被歼灭。10月23日，苏联红军布良斯克军团大部被歼灭。10月中旬，德国中央集团军前往莫斯科。这时秋雨季节开始了，泥泞的道路给两军都带来了极大的不便，许多作战车辆陷入泥泞中，还有部分车辆需要坦克拉出。10月中旬至11月初，两军在莫扎伊斯克地区展开了多次激烈战斗，苏军将德军阻止于拉马河、鲁扎河、纳拉河等地区。11月初，莫斯科地面的积雪近1米厚，这个冬季异常的寒冷。德军由于战线过长，补给不足，战役中消耗过大，既没有设防御阵地，又无在冬季条件下作战的准备，保暖衣服和白色伪装均不足，坦克和其他车辆都因为低温而不能机动，军队虽有170万人、13 500门火炮、1 170辆坦克、615架飞机，力量远超苏军，但在苏军和气候的双重夹击下，德军被击退。德军在莫斯科会战中损失兵力50多万，投降9万，损失坦克1 300辆、火炮2 500门、汽车1.5万辆。11月12日，寒流爆发，气温从−10 ℃骤降为−40 ℃。德军上千辆坦克战车由于缺乏防冻液和极寒地区使用的设计而丧失战斗力。仅11月13日一天，德军就有300多辆坦克发动机无法工作，900多辆卡车抛锚。

德军的装备不能适应莫斯科地区秋冬雨雪天气下泥泞的道路和严寒的环境，这是德军战败的重要原因。

以上三个作战案例，从作战需求、设计理念、作战环境和作战运用多个侧面，反映了武器装备实战能力的不足对战争和作战的影响。影响战争成败的因素是多方面的，但武器装备实战能力是重要的物质因素。提高武器装备实战能力不仅是装备发展的需要，更是“能打仗、打胜仗”的根本前提。

二、武器装备实战化的问题

二战以来，世界各国在演习、战争中暴露出许多装备实战能力不足的问题。这些问题可以归结为三类：不好用、不实用、不管用。

（一）不好用问题

1. 使用要求高

装备在战争中发挥着重要作用，成为作战的主力，但是存在使用门槛高、使用要求多的问题，需要专门的操作训练及应急处理预案，影响了战斗力的快速生成，从武器装备实战化的角度来看存在许多不足。

B-29 战略轰炸机是二战时期美国的明星装备，它由波音公司生产，凭借巡航高度高、速度快的优势，相对法西斯国家战机具有极大优势，但是在使用上却一直存在一些问题。首先是发动机问题，B-29 战略轰炸机的莱特 R-3350-33 发动机在当时非常不可靠，容易出现过热，首架 B-29 战略轰炸机便是在出厂后的一次试飞试验中因为发动机过热起火折断机翼，导致飞机坠毁。为此，莱特发动机工程师设计了进气口整流板将冷空气导向过热区域，改进整流罩排气门以改善冷却效率。另外，为前后排上面 5 个气缸安装交叉油管改善后排气缸的燃油供应。但是发动机过热的问题仍未能有效解决，需要针对发动机过热的问题制定专门的应急处理预案，这种情况持续了整个二战时期。此外，在作战中，B-29 战略轰炸机的 AN/APQ-13 雷达不能经受灰尘和震动，必须小心检查维护，为此在哈佛大学、麻省理工学院等研究机构设立了特殊学校，训练乘员如何操作这种新型雷达设备。由于全新的设计理念及飞行性能，该飞机的驾驶也是飞行员所面临的一大难题，需要进行专门的模拟训练，逐步增加能够驾驶 B-29 战略轰炸机的飞行员数量。

2. 易用性不足

装备易用性不足，导致装备操作复杂、耗时耗力、易出错，影响实战能力。

航空母舰是当今世界上最大、操作人员最多、操作种类最全的单一武器装备，能代表一个国家的装备易用性设计水平。在 20 世纪

90年代杜鲁门号航空母舰服役之前，美国航母的信息化水平较低，舰上计算机、复印机、综合数据库等互联性较低，网络传输速率低，信息化处理能力较低，长期远航需要携带大量纸张等耗材；舰载机起降依赖人员多角度监控，效率低；生活设施笨重、占用空间大。这些设计使得各种操作复杂、船员配备多、出错频率高，进而影响载机起降效率，情况亟待改进。

作为尼米兹级航空母舰系列中的第8艘舰，杜鲁门（CVN－75）号航母在建造之初就进行了大量的信息化、数字化、轻量化改造，装备的易用性大大提高。该航母大面积使用光纤电缆，提高了数据传输速率；布设了IT－21非保密型局域网，将计算机、打印机、复印机、作战兵力战术训练系统、舰艇图片再处理装置、数字化综合印刷厂及综合数据库等连为一体，实现了无纸化办公，提高了信息处理能力；增设了保密战术简报室，为舰员配备了数字式身份卡；为舰载机起降配备了综合电视监控系统，既提高了操作安全性，还降低了对人员的要求；提高了船舷的安全性能，采用了固体废品和有害废品处理装置；舰员使用的床铺全部采用轻型模块化设备，还专门为女舰员配备了海上专用生活设施。

3. 维护性不好

改进装备的可靠性、维修性、保障性，可以减少装备在地面维护和修理的停机时间以及装备再次出动的准备时间，提高装备的出动能力。同时还可缩短装备战伤修理时间，提高装备再次投入作战的能力。维修性不好则会极大地影响武器装备实战能力。

由于在研制中重视隐身性能而忽视可靠性、维修性、保障性，F－117攻击机在1982年刚服役时，其每飞行小时的维修工时高达150～200工时，平均一架飞机每4天出动一次，即出动架次率为0.25架次/天，几乎每10次飞行中有9次在飞行后要对隐身涂层进行维修，飞机执行任务率不到50%，战斗力严重不足。

1991年，经过8年实施可靠性、维修性、保障性改进后的F－117A，改进了隐身材料的喷涂工艺，增加航空电子设备的维修口盖，改进发动机排气系统，使每飞行小时的维修工时下降到 45 工时。在“沙漠风暴”行动中，为美军袭击伊拉克投下了第一批炸弹，36 架F－117A 攻击机共飞行了 1 250 架次，6 900 小时，投弹 2 000 吨，战备完好率达到 75.5%，成为美军主要的空中杀手。

海湾战争后，美国空军第 49 维修中队对惯性导航系统维修人员加强培训，改进了 F－117A 攻击机 26 种显示器的检查程序；实施了激光陀螺/全球定位系统改进计划和复合材料结构改进计划；采用机器人喷涂吸波材料，以及单一技术状态机队改进计划，把原采用 7 种不同吸波材料的机队统一到一种最优吸波材料，从而减少 50%的维修手册，同时减少 50%以上每飞行小时的维修工时，而且大大减少备件供应，提高飞机出动架次率，改进飞机部署性。经过 10 多年的改进，F－117A 攻击机在伊拉克战争中，执行任务率达到 89.3%，比刚投入服役时提高了近 40%，比海湾战争提高了近 14%。

F－117 攻击机维护性的先天不足，影响了实战中的出动能力和作战能力。

（二）不实用问题

1. 环境适应性不足

世界许多军事强国的装备除了要满足周边作战需求，还要满足海外战争、装备输出的需求，这就要适应世界更多区域的环境，但是许多装备表现出环境适应性不足的问题。

俄罗斯米－24 直升机为了提高飞行速度，设计的旋翼旋转面翼载较高，比米－8 高出 50%，致使飞行控制性能在阿富汗的极端环境（炎热、高海拔以及沙尘天气）中受到很大影响：在低速或低空环境下，米－24 直升机在遭遇地面侧风的区域会出现运行不正常的情况，由于方向控制不足，尾部旋翼会把直升机向上拉入非受控式左旋状态，极端情况下会导致直升机进入螺旋状态，进而造成灾难性后果；此外，当米－24 直升机出现机头上仰或是从大过载俯冲状态下转正常飞行时，主旋翼叶片可能会碰到尾梁；在米－24 直升机以 250 千米/小时的速度从20度俯冲状态转正常飞行时，其最低转正常飞行高度为200米；在进行低空极限状态的机动时，余量极低，需要飞行员非常准确地控制机动速度。

宝石路制导炸弹是美军在越南战争中使用量较大的炸弹，在热带气候的越南使用，表现出环境适应性不足等诸多问题。例如，不能完全做到全天候使用，雨、雪、雾等天气气象对其作战效果有很大影响，打击精度较差；GPS抗干扰能力较差，容易受到外界欺骗和干扰；受恶劣天气影响，制导距离、射程较近，载机不能完全脱离对方地面防空火力威胁。

2. 可靠性差、皮实性不高

从某种程度来看，装备可靠性、皮实性直接决定了装备实战化能力，可靠性差的装备未战而先败。如果对装备进行了更为可靠的设计，可以显著提高其可靠性、皮实性。

海鹞战斗机是英国研制的一型可垂直起降战机，虽然在实战中因为特殊的“短距起飞/垂直降落”而大放光彩，但高事故率同样也是它的一个标签。美国海军陆战队于1971年从英国引进这种飞机，它在非作战情况下共发生了300多起事故和900多起险情，导致45名飞行员丧生。造成这种状况的原因有三方面，一是缺乏矢量喷管微调功能，使其控制模式不精准，也缺乏便捷的开关对矢量喷管进行微调，同时飞行员要对喷管进行调整时需要左手离开油门杆，增大了飞行员的工作负担，导致出错概率高；二是缺乏精确的用于着陆的导航系统，在恶劣天气条件下着舰的能力只能取决于飞行员的经验；三是缺乏应急动力系统，战机难以重新点火或者紧急迫降。

3. 维护成本高

世界范围内的军事强国不乏高端装备，这在震慑对手、战略打击方面发挥着难以替代的作用，但是，这些装备的维护、保养要求极高，全寿命周期维护费用也极高，极大降低了综合实战化能力。

B-2 轰炸机绰号为幽灵，是由诺斯罗普和波音公司联合麻省理工学院为美国空军研制的执行战略核/常规打击任务的高隐身轰炸机。其于 20 世纪 90 年代首装服役，空重 7 吨多，当时的造价为 21 亿美元，折合成每克的造价是当时黄金价格的 2～3 倍，“用黄金打造”都不足以形容其昂贵程度，该机型一共生产了 21 架。

采购费用只是冰山一角，B-2 轰炸机的保养同样十分昂贵，且使用受限：飞行 1 小时需要 100 多万人民币的飞行成本和 50 个小时的维护成本，比 F-22 战斗机高出 4～5 倍；每 7 年进行一次大修，过程极其复杂，需要把飞机拆成近乎零件状态，替换隐身涂层、蒙皮、机载设备，需要花费 6 000 万美元，耗费 1 年工时；需要专门的机库且转场使用受限；所用材料耐久性差，造成高维修频次和飞行次数减少；机上光电设备很容易受云、雾、雨、烟尘的影响，作战效能降低；出于技术安全、保障要求等考虑，B-2 飞机很少从美国本土以外基地起飞，限制了其作战效率；早期的 B-2 轰炸机采用模拟式发动机控制器，故障率极高。

（三）不管用问题

1. 作战能力不足

许多装备对抗能力不足，无法适应一些常规或非常规的对抗手段，经过多年的发展、改进，才逐渐弥补对抗上的不足，在反辐射作战、反舰作战上反应较为明显。

贝卡谷地之战是作战双方攻防作战能力综合较量的一场典型战斗。1982 年 6 月 9 日，以色列空军经过精心准备，成功袭击了叙利亚部署在黎巴嫩贝卡谷地的萨姆-6 导弹阵地。通过短短 6 分钟的攻击就彻底摧毁了叙利亚和苏联苦心经营 10 年、耗资 20 亿美元的 19 个防空导弹连。在其后两天的多轮空战中，以色列空军利用先进的 F-15、F-16 战斗机配合预警机和电子干扰机作战，共击落叙利亚 82 架战机，而以方则未损失一架战机，创造了空战史上 82∶0 的奇迹。

贝卡谷地战争在人类战争史上是第一次大规模采用反辐射导弹的战例，新的战法、新的武器装备终结了自1973年第四次中东战争以来萨姆-6地空导弹完全压制以色列和西方空中力量、令其极为忌惮的历史。参战的反辐射导弹是以色列的狼（Keres）、百舌鸟和标准等，涵盖了地地、空地型。而与之对抗的则是由萨姆-6地空导弹为重点，萨姆-2、萨姆-3地空导弹和ZSU－23/4苏制23毫米口径四管高射炮相配合的高、中、低防空体系。交战双方武器装备的技术水平相当，但是结果却出人意料。以色列大获全胜的重要原因之一就是合理运用了反辐射导弹及其战法，对后续反辐射导弹的发展和应用影响十分深远。

贝卡谷地位于黎巴嫩中部地区，位于西面的黎巴嫩山脉和东面的前黎巴嫩山脉之间，曾是黎巴嫩重要的农业区，有从贝鲁特通往大马士革的公路，战略地位十分重要，叙利亚军队曾在此驻扎近30年。1976年5月，叙利亚军队以干涉黎巴嫩内战为名，开进了黎巴嫩并长期驻军，此后其驻军的大部分驻扎在贝卡谷地附近。1981年，叙军向贝卡谷地部署了以苏制萨姆-6地空导弹为主的防空部队，防御以色列空军对叙军可能的空袭行动。

叙军的苏制萨姆-6地空导弹（苏联代号2K12库班河）是当时一种较为先进的中近程防空导弹，主要担负野战防空任务。该导弹系统野战机动能力强，可用于拦截亚声速和超声速飞机。在第四次中东战争期间，以色列空军有41架战机被这种导弹击落。其中叙军在大马士革附近的防空作战中，首次使用萨姆-6导弹就击落一架F－4鬼怪式战机。

1982年6月，以色列借口其驻英国大使遇刺事件，发动了入侵黎巴嫩的“加加利和平”行动。这次行动的目的是解除黎巴嫩境内的巴勒斯坦游击队和叙利亚驻军对以色列的威胁，其中部署大量防空导弹阵地的贝卡谷地会遏制以色列空军的空中行动，被以军视为主要威胁。以军为摧毁萨姆-6导弹阵地，特别制定了周密的空中打击计划，并在内格夫沙漠组织了上百次的模拟演习，包括演练对地面雷达的压制干扰和切断通讯。

1982年6月9日，以色列空军出动了96架战机，其中包括担负护航的F-15、F-16战机，对地攻击的F-4战斗机和A-4攻击机，以及提供保障的E-2C预警机和波音707电子干扰机。不过率先对贝卡谷地叙军阵地实施侦察的是以军的两种无人侦察机，即猛犬和侦察兵。这两种无人机都是以色列新服役的无人侦察机，具备战场侦察和实时情报外发能力，在对贝卡谷地的侦察中，它们发挥了重要作用。以军派出的无人机中，猛犬和侦察兵无人机负责侦察叙军导弹阵地位置，另有诱饵无人机负责诱骗叙军对空雷达开机扫描，以截获叙军雷达信号。当严阵以待的叙军打开雷达并发射导弹时，雷达和导弹所发出的无线电信号被无人机截获并发送给后方的预警机。通过快速的计算定位，预警机将目标位置等参数传输给执行空袭任务的机群，由F-4战斗机和A-4攻击机进行轰炸。在随后的6分钟内，以军机群对贝卡谷地的叙军防空导弹阵地进行了毁灭性的打击，19个防空导弹连的288枚导弹全部被摧毁。

在对叙防空导弹阵地的轰炸中，以军使用AGM-45百舌鸟反辐射导弹对叙军制导雷达进行打击。百舌鸟导弹是当时比较先进的反辐射导弹，曾在越南战争中有所表现，可追踪敌方雷达的电磁辐射，对敌雷达进行摧毁。以军发射的百舌鸟反辐射导弹，配合以色列自研的狼式反辐射导弹，将叙军部署的制导雷达，包括已经关机的雷达全部摧毁。失去制导雷达引导的萨姆-6导弹成了“瞎子”，被随后赶来的F-16战机投放的制导弹药炸毁。

在得知贝卡谷地的防空阵地遭到空袭后，叙利亚空军紧急起飞62架战机前往拦截，不过他们的行动全部暴露在以色列空军面前。叙军战机刚刚起飞就被以军预警机发现，其数量、方位等参数被传输给待命的战斗机群，F-15、F-16战机的飞行员可以根据预警机发来的数据，从容地拦截敌军战机。以波音707客机改装的电子干扰机，对叙利亚本土的远程雷达站实施强电子干扰，使其与起飞的战斗机失去联络，无法指挥叙军战机作战；同时，电子干扰机对叙军战机进行电子干扰，使其机载雷达无法正常工作，无法发现和锁定目标。据参加空战的叙军飞行员回忆，在被击落之前，机载雷达的屏幕上满是雪花，无法搜索到敌机，更谈不上锁定攻击。

在电子对抗上占据主动的以色列空军，在朝鲜战争后这场最大规模的喷气式战机空战中，完全压制了叙利亚空军，并击落叙军战机 30 架。6 月 10 日，以军再次出动 92 架战机，将贝卡谷地新部署的叙军的 4 个萨姆-6 导弹连和 3 个萨姆-8 导弹连摧毁。叙利亚起飞 52 架战机前往交战，以军机群继续在预警机指挥下拦截叙军战机并将其击落。

由于以色列凭借电子战优势掌握了制空权，叙利亚空军即使再奋战，也因损失太大而无法支撑。而更多的叙利亚防空导弹连在部署之后，仍然被发现并遭到摧毁。以军 F－15 和 F－16 战斗机在预警机指挥下，拦截并击落了大量叙军战机。

以军大获全胜，在综合作战能力上有四个方面的突出优势。首先，在空军作战中预警机作为指挥所和监控全域的千里眼，把握了整个空中战役的全过程，可以对战场目标进行有效的探测并作出反应。其次，无人机在空战中更多地发挥了作用，特别是在电子战条件下，无人机可以执行电子侦察、诱骗、干扰甚至对地攻击等任务，是战场的多面手。再次，电子干扰是掌握制电磁权的主要手段，使用电子干扰机，在作战中压制敌方指挥通讯系统和雷达，将对手变成“聋子”和“瞎子”，使敌人无法获知情报、无法指挥部队、无法发出命令，瘫痪敌人整体行动。最后，反辐射导弹作为电子战中的“硬杀伤”手段，用以直接摧毁敌人的关键电子设备，不仅在进攻作战中有效瘫痪敌方雷达等电子设备，也从战术上慑止敌方雷达开机。

2. 不对称作战能力不足

不对称作战就是借助手段、力量、空间等不对称优势，实现体系、力量和作战模式的不对称压制，形成结构性优势，低等级装备作战效能急剧降低，呈现近似非“0”即“1”的态势。

科索沃战争是一场典型的不对称战争。战争时间从 1999 年 3 月

24 日持续至 1999 年 6 月 10 日。科索沃战争以大规模空袭为作战方式，以美国为首的北约凭借占绝对优势的空中力量和高技术武器，对南斯拉夫联盟的军事目标和基础设施进行了连续 78 天的轰炸，造成1 800 人死亡，6 000 人受伤，12 条铁路被毁，50 架桥梁被炸，20 所医院被毁，40%油库和 30%的广播电台遭到破坏，经济损失总共达到 2 000 亿美元。

科索沃战争的作战行动呈现出战场空间扩大、持续时间压缩、人力密度减小、战略指导直接等新特点，并呈现出突然性、集中火力、精确行动、联合作战等新趋势，这就要求军队战斗力战场感知力要强、后勤保障能力要强，进而促进了军事理论的发展。

科索沃战争是以美国为首的西方国家利用绝对的空中优势，对弱势的南斯拉夫联盟进行打击，武力迫使其就范。其作战样式是一种典型的非接触式交战，交战双方从始至终都没有在战场上近距离交战，这在世界战史上是极为少见的。在作战过程中，北约主要采用三种战法：一是在距离战场上千千米处发射巡航导弹进行攻击；二是从美国本土或盟军基地出动隐身轰炸机，在电子干扰机的伴随支援下，深入战区，投射精确制导炸弹；三是在掌握战区制空权的前提下，使用有人驾驶作战飞机从防区外发射精确制导武器，攻击预定目标。

依托现代信息技术，北约指挥部向一线部队下达命令只需 3 分钟，越级向导弹部队下达命令仅需 1 分钟，配合由 GPS 制导的巡航导弹、激光制导炸弹和联合直接攻击弹药，实现了信息与火力一体化，基本做到了“发现即摧毁”。作为弱势一方的南斯拉夫联盟只能利用山多、洞多、地形复杂的地形优势，躲避大规模空袭，没有有效的反击手段。

3. 不自主可控

有些国家的武器装备和技术严重依赖于进口，如果爆发战争，装备出口国一旦停止装备、备件和技术的出口，轻则影响作战能力，重则会导致战争的失败。这方面的教训十分深刻。

在马岛海战中，阿根廷在本土作战，以逸待劳，却在战争中失败，主要原因是其武器装备大多依赖于进口，尤其是重武器不足。在北约对其武器禁运后，没有办法再买到武器，战事便开始偏转，由优转劣。加之阿根廷没有自己的国防工业体系，大量武器不能维修生产，而英国是老牌资本主义国家，具有完整的军工体系。

阿根廷依靠购买武器难以形成可靠战斗力。在马岛战争爆发前，阿根廷曾凭借与美国的良好关系及外贸收入从西方购买了一批在当时比较先进的武器，包括两艘德制 209 级常规潜艇、飞鱼反舰导弹和未参战的两艘英制 42 型驱逐舰。然而购买先进武器形成的战斗力在战时并没有经受住考验，先是 209 级常规潜艇配备的线导鱼雷发生故障后阿根廷无力自行解决，宝贵的飞鱼反舰导弹消耗殆尽，之后也无从补充，这再次证明了发展自主的军工装备对于国防的重要性。

阿根廷圣达-菲号潜艇被击伤无法下潜隐蔽，两艘德制 209 级常规潜艇体积小、噪声低，十分适合在马岛附近海域活动。然而，由于声呐故障和 SST－4 线导鱼雷断线等故障，3 次攻击未果。阿根廷向德国提出派专家解决故障的请求没有得到回应，此后便停止了潜艇活动。

阿根廷拒绝联合国第 502 号决议后，美国对阿根廷制裁，暂停对阿根廷军售，冻结之前两国达成的军购合同，该合同涉及 C－130 型运输机与 A－4 型攻击机的配件及对空雷达与舰艇零件。美国督促西欧盟国将其所掌握的阿军武器性能情报提供给英国。与之相反，美国对英转让各型防空、反舰及反雷达导弹，包括空射型鱼叉反舰导弹、哈姆反辐射导弹、针式防空导弹、AIM－9 型导弹、密集阵近防武器系统以及反跑道子母弹药等特种弹药，并提供各型直升机与鹞式战机零件。

武器装备依靠引进难以真正形成战斗力。武器装备及其技术不能实现自主可控，就会在战争中受制于人，就会造成战场被动和战争失败。

三、武器装备实战化的差距

武器装备实战化是涉及装备与使用操作人员、人机高度融合的复杂系统工程，影响武器装备实战化的因素既有人的因素，又有物的因素。使用部门对装备的直接用户体验能够反映出装备的使用性、实战化问题。而这些问题，除了人的因素外，最终都可以归溯到设计理念上。因此，武器装备实战化是设计出来的，武器装备实战化的问题主要体现在设计理念的差距。无论是强国还是弱国，在设计理念上普遍存在“七重七轻”的问题，只是程度上各有不同。

（一）重技术轻战术

技术决定战术，战术牵引技术，二者的辩证关系决定了不可偏废其一，轻战术现象使得技术发展背离战场实际需求，技术先进却难以展现。

美军 F－117 战机的隐身性能出众，前向短波雷达隐身能力可以达到千分之一量级，在隐身技术上领先他国数十年，技术极为先进，绰号为夜莺（Nighthawk），但是与其他作战单元少有衔接，经常独立作战，几乎没有协同化战术，成为体系化作战的短板，服役仅 20 年就迅速退役，与 B－52 轰炸机、F－15 战斗机等老装备形成巨大反差。

（二）重性能轻能力

能力是装备在实战条件下内在性能的外在反映，轻能力现象使得装备发展忽视了实战条件，致使能力缺陷严重。

二战时期德军装备性能一流、所向披靡，但是在进攻莫斯科时，武器装备难以适应俄罗斯的严寒气候，迅速丧失战斗力，实际作战能力大打折扣。

（三）重研仿轻创新

创新是对事物发展本质更透彻的理解和运用，如果一味地重研仿、轻创新，可能会浪费激活创新发展潜质的机遇。

伊朗、伊拉克等中东国家一味研仿苏联/俄罗斯等大国装备，例如，著名的飞毛腿弹道导弹。一方面，逆向工程难以全面掌握设计全要素，对武器装备设计精华难以完全掌握，只知其皮毛；另一方面，研仿的捷径浪费了激活创新发展潜质的机会，技术上与先进国家的差距越拉越大。

（四）重静态轻动态

武器装备实战能力是战场上的动态过程，当前指标的确定一般按照静态需求，对武器装备使用的动态对抗条件研究不足，对作战剖面的分解描述较少，从而影响性能指标描述的科学性，同时影响武器装备实战能力的生成。

2018 年 4 月 14 日，美英法联军在对叙利亚境内位于大马士革地区的化学武器研发中心和霍姆斯市附近的两座化学武器设施实施导弹攻击的作战中，除了美军的战斧巡航导弹，英国的风暴前兆（Storm Shadow）空地导弹、法国的斯卡尔普（SCALP）空地导弹、MdCN 巡航导弹同样参加了打击任务。英法导弹由于实战次数少，设计中的问题无法通过实战进行解决。

（五）重定性轻定量

量化是对事物原理更深入、更清晰的研究，定量可以提升武器装备实战化设计的可操作性，过多的定性则模糊了实战与一般试验的界限。

实战化考核应该是定量考核，而非定性考核，量化是对方法体系的进一步深化，更接近要达到的目的。对实战化而言，其难度在于研究对象的复杂性、难以统一性，而这正是实战化研究要做的核心工作之一。

（六）重是什么、轻为什么

是什么、为什么、怎么办是解决问题的有效途径，轻为什么就弱化了这一途径的中间环节，使问题的解决不充分、不彻底，甚至南辕北辙。

一些落后的国家在研仿过程中，经常难以搞清楚一些非常规设计的用意，知其然不知其所以然。只有从正向的角度多思考、多实践为什么，才能知道设计背后的考量，才能真正青出于蓝而胜于蓝。

（七）重武器装备设计轻未来战争设计

就事论事地研究武器装备的可达性，没有从设计战争的角度研究需求，就难以形成体系贡献率高、适应体系对抗的实战化武器装备。

战争理论设计是武器装备设计的最前沿指引，美军先后提出过协同作战系统、空海一体战、分布式作战、多域作战等，在这些作战理论指引下，许多新式装备孵化，最终形成作战能力，而这些装备是契合未来战争设计的武器装备，即作战要素符合作战筹划要求，这样的战争设计是高效、高质量的。一些落后国家轻视未来战争设计，导致研制的新装备偏离了实际战争需求，不对称化严重，比如以色列对黎巴嫩打击的贝卡谷地之战。

造成“七重七轻”的根源，一方面在于对实战化的要求不全面、不准确、不具体；另一方面也在于对实战化理解认识、执行落实不够。

有效解决武器装备实战化不强的问题，需要进一步明确和加深对武器装备实战化概念内涵的理解和认识，需要从需求和设计的源头上落实武器装备实战化要求，需要把武器装备实战化工作贯穿于武器装备的全寿命过程，贯穿于研制、使用、管理各部门，贯穿于侦察、预警、指挥、控制、火力打击的全体系，需要逐步建立和完善武器装备实战化系统工程技术和方法。

四、打赢的要求

从打赢的要求出发，武器装备的实战能力主要体现在召之即来、来之能战、战之必胜的能力，体现在能力覆盖和用户满意两个方面。以防空导弹武器系统为例，可以具体展现打赢的要求。

（一）能力覆盖

按照武器系统全服役周期的作战剖面对召之即来、来之能战、战之必胜的能力要求进行分解和细化。如对导弹武器系统，召之即来是装备由交付完成到预设就位的能力要求，是武器装备实战能力的前提条件，支撑召之即来能力要求的主要包括贮存完好能力、快速规划能力、运输能力、伪装防护能力、指挥通信能力等。来之能战是装备由部署展开至完成作战准备、进入战斗状态的能力要求，是武器装备实战能力的基本条件，支撑来之能战能力的要求主要包括装备部署能力、展开能力、规划能力、转进能力、撤收能力、环境适应能力等。战之必胜是指装备有效实施作战过程、完成预定作战任务的能力要求，是武器装备实战能力的最终体现，支撑战之必胜能力的要求主要包括体系引导能力、协同作战能力、快速反应能力、综合防御能力、毁伤评估能力、持续作战能力等。

（二）用户满意

从部队使用的角度构建满足部队好用、实用、管用的武器系统能力要求。好用是指装备使用简便、管理简单、维护方便，它是装备人机交互能力的体现，涵盖易操作、易管理、易维修。实用是指装备使用价值高、用途多、实际能力强，它是装备实际价值的体现，涵盖高使用价值、高皮实性、高效费比。管用是指装备实现作战使命的能力，它是装备实战能力的体现，涵盖强任务完成能力、高不对称性、强威慑性。如对导弹武器系统，支撑好用、实用、管用的能力要求除了原有的可靠性、维修性、测试性、环境适应性（含电磁兼容性）、安全性和保障性等传统六性的能力要求外，还应考虑满足好用、实用、管用的能力要求。

最后，根据前述分解的作战使用要求、能力要求，构建能够满足每一项要求的具体战术技术指标，从而形成导弹武器系统的战术技术指标体系。这一指标体系，是从未来战争顶层逐级分解下来的，是从需求到能力再到性能的转化，是设计的输入，但要每一级分解不漏缺，指标体系就应该是完整、准确的，并能反映实战的具体要求。

第二章　武器装备实战化的理论基础

武器装备实战化是一个复杂的系统工程。研究内容不仅涉及到己方，还涉及到敌方；不仅涉及到平时，还涉及到战时；不仅涉及到装备，还涉及到人员；不仅涉及到技术，还涉及到战术；不仅涉及到理论，还涉及到实践；不仅涉及到实战化概念，还涉及到实战化需求生成设计实现和能力评价；不仅涉及到静态的能力，还涉及到实战动态的不确定性。对如此复杂的系统进行研究，一般采用系统仿真和作战模拟推演的方法。这种方法无疑是可行的，但对于深刻理解实战化本质，掌握武器装备实战化内在规律和特点，仍然是知其然而不知其所以然。为此，研究武器装备实战化必须从认识武器装备的实战化本质入手，进而研究其规律和特点，使我们对武器装备实战化的认知进入到自由王国，从而使武器装备实战化成为自觉的和理性的实践过程，为武器装备“能打仗、打胜仗”提供强大的理论基础。

一、实战化问题的两重性本质

武器装备实战化研究的主题是武器装备的实战能力。从作战部队角度出发，武器装备实战能力取决于部队指战员对武器装备作战运用过程和结果的切身体验。这种体验，一方面体现在与武器装备的人机交互，另一方面体现在对敌实战的结果。这种实战体验为研究武器装备实战化提供了思路和途径。

（一）武器装备实战化的基本模型

武器装备实战能力是在体系对抗条件下，武器装备所呈现出来的实际能力。从体系对抗的要素看，实战能力涉及到己方的体系与敌方的体系、自然环境与对抗环境、作战部队与武器装备；从作战部队的体验看，实战能力涉及到己方人与装备的友好性、己方与敌方体系的对抗性。体系对抗的要素与体验构建出体系对抗基本模型，如图 2-1 所示。

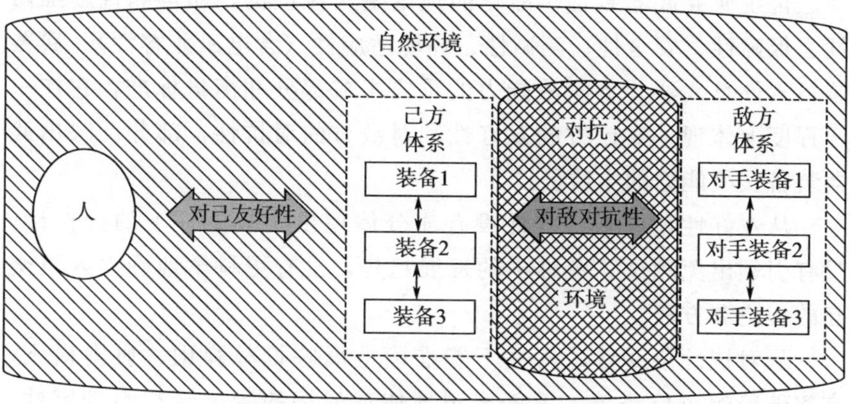

图 2-1　实战化研究的实体对象

（二）实战化的两重性

我们对武器装备实战能力的基本要求是，对己方要“爱”，对敌方要“恨”。对己方的“爱”主要体现在武器装备操作使用的便利性、安全性等，对敌方的“恨”主要体现在强对抗环境下的作战效果。

我们将“爱”定义为武器装备的友好性，将“恨”定义为武器装备的对抗性。友好性和对抗性就是武器装备实战化的双重性。这种双重性就是武器装备实战化的本质特性。

友好性和对抗性反映的是作战部队对武器装备实战能力的切身体验，反映的是强对抗环境条件下武器装备仍能呈现出强的爱恨分明能力。

友好性和对抗性对于理解武器装备实战能力的本质，对于从作战部队体验的角度提出武器装备实战化能力的需求、开展武器装备实战化设计和验证工作、进行武器装备实战化能力评价，提供了新的视角。

（三）实战化研究的理论支撑

传统研究武器装备实战化的理论是六性理论，即可靠性、维修性、保障性、安全性、测试性、环境适应性（含电磁兼容性）。武器装备六性是武器装备实战能力的重要组成部分和衡量标准，它在一定程度上体现了对己方的友好性和对敌方的对抗性，部分反映出武器装备实战能力的本质。

从友好性角度看，六性没有充分体现出实战条件下的操作性，没有引领出免测试、免维护的发展趋势，没有更科学地确立人机交互的理论和方法。

从对抗性角度看，六性不能准确地反映枪林弹雨、血肉横飞、支离破碎的对抗环境，不能客观地体现战场的复杂性和不确定性，不能全面地反映武器装备的对抗能力。

因此，在武器装备六性的基础上，有必要引入新的研究理论和方法，更全面、准确、客观地体现武器装备实战能力的友好性和对抗性。

通过学习和借鉴相关作战理论和民用产品的成熟经验，可以通过用户体验理论研究武器装备友好性，通过 OODA 理论和产品竞争力理论研究武器装备对抗性。

二、用户体验理论

产品设计关注于产品的功能和性能，关注于产品的开发过程，关注于产品是可用的。但这样设计和开发出来的产品，由于忽视用户体验的设计，难以在市场竞争中取得优势。

（一）发展历程

用户体验早在中世纪就已萌芽。1430 年，达芬奇设计高端宴会厨房时，首次采用传送带向宴会筹备者输送食材，他还创造了首个耕地喷灌系统，这些是用户体验设计最早的故事。

在工业革命时代，用户体验研究不断推动工业发展。20 世纪早期，和亨利·福特开创批量生产技术的弗雷德里克·温斯洛·泰勒写了一本题为 *The Principles of Scientific Management* 的书，书中描绘了工人和工具间的早期交互图景。1940 年后期，丰田公司极为重视装配工人的价值，在制造系统人性化方面投入大量精力，大幅提升了工程和生产效率。

在信息化时代，用户体验全面发展。1955 年，亨利·德赖弗斯写下了经典的 *Design of People*，从人与产品关联的角度阐释先进工业设计，认为人们在与产品接触中感到安全、舒适、渴望购买、更加高效，或者仅仅是更开心，那么设计就是成功的。1966 年，迪斯尼公司持续激发用户体验设计师的设计灵感，用富于想象力的科技带给人们欢乐，迪斯尼乐园风靡全世界。20 世纪 70 年代，鲍勃·泰勒领导团队成就了许多个人电脑交互史上的不朽经典，包含图形用户界面（Graphical User Interface，GUI）和鼠标。1995 年，加入 Apple 公司的诺恩·诺曼开展以用户为中心的产品设计工作，被称为用户体验设计师，这是该术语作为职位头衔的首次使用，他将易用性和功能性的设计置于美学之上。2007 年，史蒂夫·乔布斯揭开了 iPhone 的面纱，以易用性改变了移动设备的面貌，第一代 iPhone 的精髓在于先进硬件与软件的融合，通过革命性的电容屏实现了更佳的人机互联，在其他手机还使用物理按键时，提供了优于同时期所有其他手机的用户体验。

用户体验进化史上的每个重要里程碑，都包含着科技与人类的互动。随着科技、互联网继续融入人们的生活，用户体验将得到进一步演化和发展。

（二）概念内涵

用户体验是指产品如何与外界联系并发生作用，也就是人们如何接触和使用它，是人们与产品交互的感觉。

用户体验设计是以用户为中心的设计。主要包括两个方面：一方面是用户研究，主要是搞清楚如何从用户的角度来考虑他们的实际需求，缩小假想用户与实际用户之间的差距，进一步理解用户，并从他们的视角观察世界和发现问题；另一方面是打造易用性的产品，目的是创造有用的、易用的、成功的产品。

提供优质的用户体验是一个企业和产品重要的、可持续的竞争优势。任何在用户体验上所做的努力，目的都是为了提高效率，使人们工作更便捷，减小犯错的概率。

（三）五层要素

1. 战略层

战略层是指用户需求和产品目标。用户需求是指用户要通过这个产品得到什么，也就是用户想要什么。产品目标是指企业通过这个产品得到什么，也就是企业想要什么。

2. 范围层

范围层是指产品的功能规格。产品的功能规格描述产品的主要功能及其优先级，需要明确企业要开发的产品是什么。

3. 结构层

结构层是指人们与产品的交互设计。交互设计关注于描述可能的用户行为，以及产品如何配合与响应这些用户行为。

交互设计涉及到防止和避免错误的处理方法。一种是防止错误的方法，将产品设计成不可能犯错的结构；一种是避免错误的方法，就是使错误难以发生，一旦发生错误，产品能够帮助用户自动改正错误。

4. 框架层

框架层是指产品的界面设计、导航设计和信息设计。界面设计提供给用户做某些事的能力。导航设计提供给用户去某个地方的能力。信息设计把想法传达给用户。

5. 表现层

表现层是指人们对产品的具体感知，如视觉、听觉、味觉、嗅觉和触觉等。

（四）设计方法

1. 组建多学科的用户体验设计团队

用户体验设计团队是汇集不同专业背景和技术的人才团队，团队的技术多样化可以有效促进创新和协同。用户体验设计团队由用户体验设计指导、策略师、用户专员、分析师和用户体验设计师等组成。用户体验设计指导负责策略开发和用户体验设计，建立组织框架，制定基本规则，管理项目范围，调停不同意见，以卓越的标准检查团队所有的用户体验，以确保用户体验设计的应用。具体的用户体验设计由用户体验设计师、界面设计师、前台设计师、软件设计师等完成。

2. 剖析用户需求

对同一个产品而言，用户需求可能因人而异，这就需要在识别用户需求时，确定更广泛的关键用户体验需求，以提炼出有用的设计要素。

用户需求分析需要完成的工作包括识别所有利益相关者，按照利益相关者对项目成功的重要性进行分级，制定理解利益相关者需求的策略，与利益相关者沟通并使其参与设计，管理利益相关者的期望并确保其满意。寻找用户需求的方法包括以用户为中心的设计法、进化设计法、任务模型法、敏捷软件开发法、可用性交互设计评价法等。

3. 用户参与设计

在好的用户体验设计中，用户应从早期的研究阶段到原型阶段参与其中，通过多次进行可用性测试，不断完善用户需求。利用分类卡片深入了解用户期待，可以为产品信息结构设计提供依据；利用分析不同角色的行为，可以帮助利益相关者理解产品的服务方式；进行可用性测试并用软件记录参与者与产品交互过程，有助于全面了解用户需求。

4. 设计思维和工具

用户体验设计需要对包括平面设计、程序设计、用户界面设计等多专业方法进行融合。用户体验设计指导应对用户体验过程进行优化，绘制图形，促进用户和团队沟通，收集和分析数据以理解用户趋势。用户体验设计方法需要利用同理心工具来模拟特殊人群可能会遇到的障碍，描述用户在特定情境下的感受；利用项目管理工具、敏捷软件开发工具、甘特图等工具进行团队的沟通和组织；利用智能白板、草图笔记、智能电话、头脑风暴等辅助工具来构思和解决问题；利用绘制流程图等形式让团队开发并确定出系统内在结构，在设计初期分析交互情节、排除潜在问题；利用招募用户、分类卡片、预警咨询和内容试验等形式同用户一起工作；创建线框、交互原型，为设计改进建立基础。

三、OODA 理论

进入信息化时代，表征战斗过程的 OODA 循环发挥越来越重要的作用，从第二次世界大战、越南战争，到海湾战争、科索沃战争，再到伊拉克战争、叙利亚战争，战争爆发的速度越来越快，美军可以在几小时之内迅速掌握制空权。美国前国防部长科恩说过，以往战争的哲学是大吃小，现在是快吃慢，“基于 OODA 以快吃慢”成为信息时代重要的制胜机理，是信息化时代概念创新的支撑思想。

研究 OODA 理论的目的在于研究体系对抗的制胜机理，这是武器装备对抗性的根本体现。

(一) 发展历程

美国空军上校约翰·博伊德（John Boyd）于 20 世纪 60 年代提出了 OODA（Observation Orientation Decision Action，观察、调整、决策、行动）理论。约翰·博伊德（1927—1997 年）出生于美国宾夕法尼亚州，战斗机飞行员出身，是美军空军少校，后供职于美国空军参谋部装备战术需求分部。由他提出的 OODA、能量机动理论影响了整个三代机的设计方向，如美制 F－15 系列、F－16 系列、F/A－18 系列等都是完全按照或参考此理论而设计的。

在 OODA 循环诞生初期，博伊德用此来阐述空战中克敌制胜的战术，认为武装冲突可以看做是敌对双方互相较量谁能更快更好地完成观察、调整、决策、行动的循环过程，己方应该率先完成一个 OODA 循环，然后迅速采取行动，干扰、延长、打断敌人的 OODA 循环。此理论启发了 F－15、F－16 战机的设计。

在博伊德职业生涯的晚期，他把 OODA 循环演变为一种战略，一种让敌人心理瘫痪的战略。

OODA 理论是一种能量机动（EM）理论，提出了战机可用能量等于生命的概念。能量机动性提供了一种理解飞机高度和动能能量（位置和速度）之间关系、定义飞机机动性的方法。利用此原理，可以快速从初始不利位置击败敌人。

到了信息化时代，OODA 理论演变为信息机动理论。该理论由洛马公司的舒克以及空军研究实验室的布拉什提出，认为比敌人更快地获取信息，并更快速利用这些信息是关键，这种信息作战域的机动性比有形作战域的机动性更重要，因为空战格斗已经被超视距瞄准和执行所取代，并解释了 F－35 战机如何通过信息作战域取得模拟战演习优势。

OODA 理论发展到今天，已扩展到许多领域，在商业决策上应用广泛。在需要做出各种决策时，一般等到 100%有把握时最为稳妥，但是对产品经理来说不行，因为等待就有可能失去先机，产品经理只能不断压缩 OODA 环，在第一个环结束后，收集有用资讯，并以最快的速度分析、决策、实施。

（二）概念内涵

1. 传统 OODA

OODA 代表冲突双方一系列事件的竞争，从观察（Observation）、调整（Orientation）、决策（Decision）和行动（Action）的循环，它提供了一种描述冲突的方法，从最初解释空军战术的概念扩展到解释一般意义上的决策处理过程，被广泛用于军事问题研究。

指挥控制作战的特点就是按照观察、判断、决策、行动（OODA）环路进行战斗，如图 2-2 所示，OODA 环具有周期性和嵌套性。周期性意味着一个环结束时另一新环的开始，周期的长短与作战兵力的规模、空间范围、作战样式有关；嵌套性意味着环与环以嵌套的形式关联，例如在战术级作战系统中，最小的 OODA 环是近距武器系统的火力闭环控制环，在分队层次上同样有 OODA 环，这些指挥控制环相互嵌套、内环周期短、外环周期长。在作战中，对抗各方会不断观察周围环境，获取相关信息，判断威胁，即时调整，作出决策，并采取相应的行动，冲突体现在 OODA 环的时间竞争上。如能努力缩短己方的 OODA 周期，并尽可能地增长敌方的 OODA 周期，使己方的决策周期短于对手的决策周期，就能掌握作战的主动权，获得巨大的优势。

发现目标，即通过把目标与背景作比较，或依据周围背景的某些不连续性，将潜在的目标提取出来，即确定在某个地方有目标。以海上作战为例，各种侦察设备根据自身工作原理和战技指标不同，具有不同的侦察探测能力（发现概率不同），如图 2-3 所示。

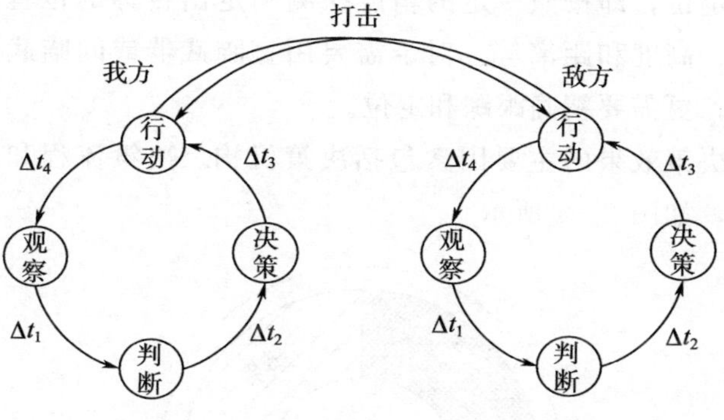

图 2-2　对抗冲突双方 OODA 环

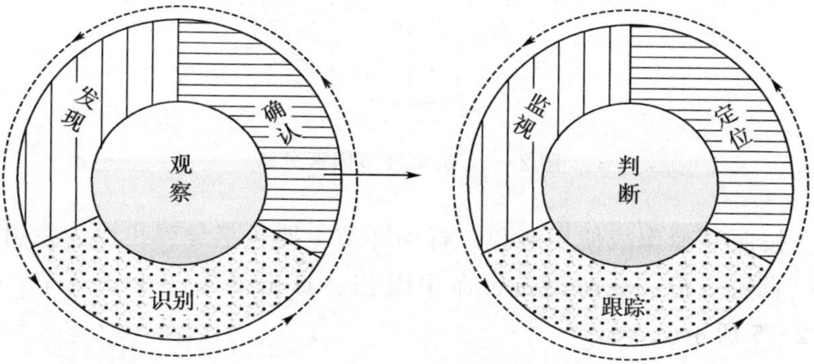

图 2-3　侦察环分解

识别目标，即确定目标的真假和区分真目标的类型。发现的目标可能是真目标，也有可能是假目标；真目标中还有敌、友以及种类之分，例如，是敌方目标还是友军目标，是坦克还是装甲运输车或汽车等，必须通过侦察加以识别与区分。

确认目标，即判断同类物体不同种类的过程，如发现、识别的目标已断定是坦克，则确认阶段是辨认目标的真实面貌。

监视和跟踪目标，即严密注视目标的动静，并对目标进行连续不断的监视。对于已发现并识别的特定目标，特别是运动目标应进行连续不断的监视。

目标定位，即按照一定的精度探测确定出目标的位置，包括目标的方位、高度和距离等。对于需要用直瞄武器或间瞄武器予以摧毁的目标，更需要精确跟踪和定位。

影响决策效果的主要因素包括决策机构、决策流程和决策方法三个方面，如图 2-4 所示。

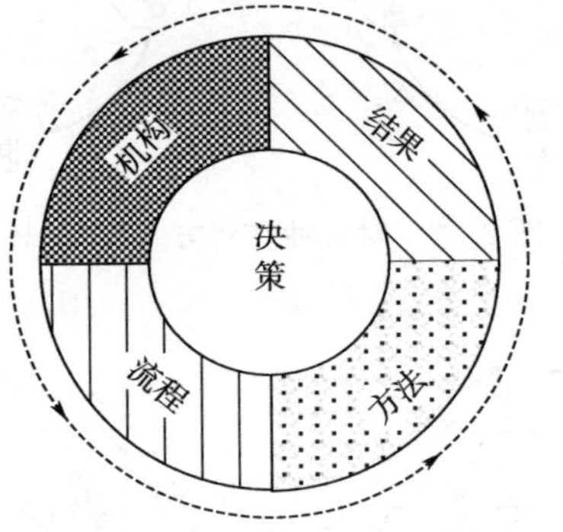

图 2-4　决策环节因素分解

按照导弹作战使用流程，行动环节主要包括导弹出库、发射准备、自主飞行、突防对抗、命中毁伤、打击效果几个子环节，如图 2-5 所示。

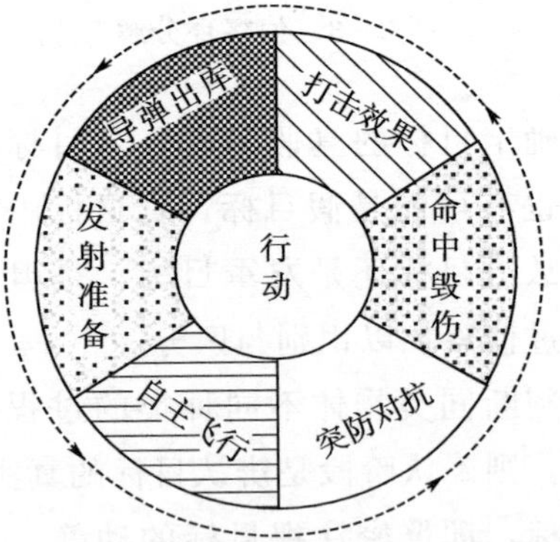

图 2-5　行动环节因素分解

博伊德给出了米格-15战斗机与F-86战斗机搏斗的例子。米格-15战斗机在机动性、火力上均优于F-86战斗机，但信息处理速度不如F-86战斗机迅捷；F-86战斗机具有更广阔的视野、更准确的判断、更迅速的决策和更敏捷的行动，在作战时比米格-15战斗机有更大的优势获胜。一言以蔽之，就是以快吃慢。

2. 扩展式OODA

战时除了传统意义上的OODA环路决定作战效能外，导弹的生产则是另一个关键环节。导弹生产周期的长短直接决定了战时的武器补给，决定了打仗的资格，导弹生产本质上也是一个OODA环路。因此，综合考虑武器全寿命周期的时间链条，在产品使用OODA环之前增加产品生产OODA环，形成广义的OODA双环，将导弹制造环节分解为设计、投产、快产、总装四大环节，如图2-6～图2-8所示。

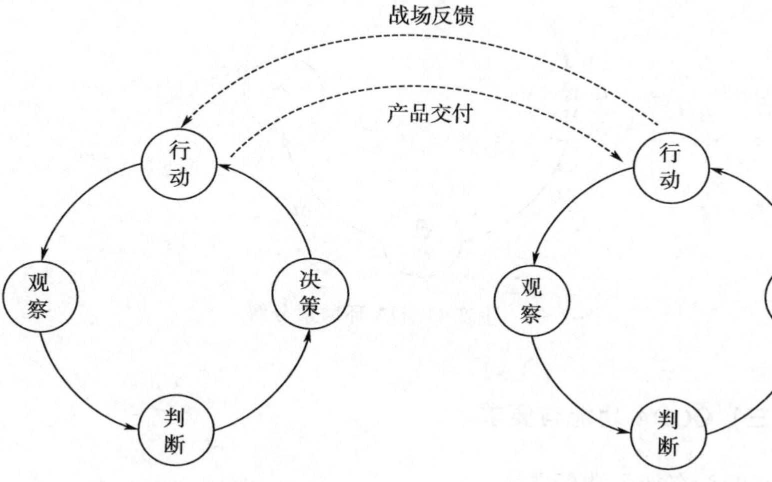

图2-6　广义OODA双环原理

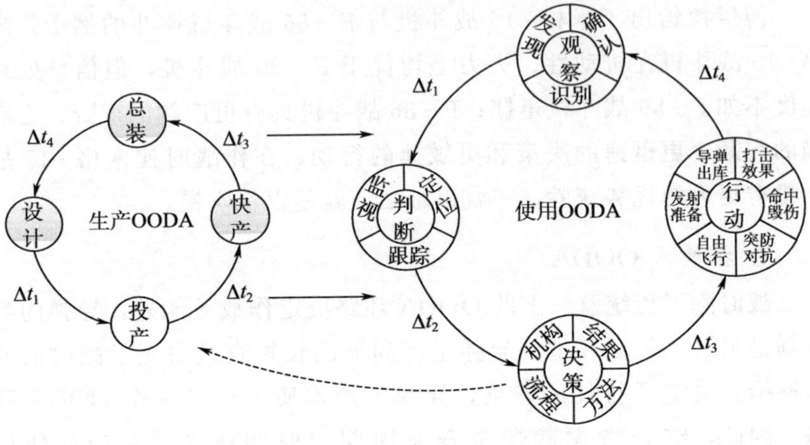

图 2-7　OODA 环因素分解

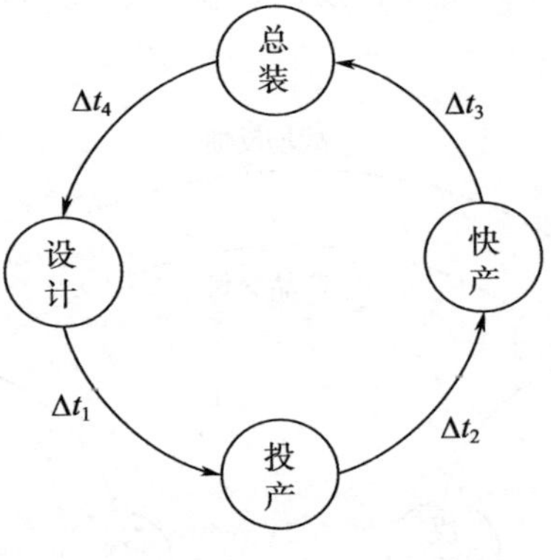

图 2-8　生产 OODA 环因素分解

（三）OODA 功能与要求

OODA 有如下功能要求：

1）需之即产，即根据作战需求完成导弹的快研快产；

2）召之即来，即快速准确获得信息、快速判断、快速决策，导弹快速出库、快速到达阵地；

3）来之能战，即导弹到达阵地后即能发射，零准备时间；

4）战之必胜，即导弹发射后能够实现高效突防、智能作战、有效毁伤。

针对图 2－9 所示的 OODA 因素，进行交互模式的四大转变。

一是由串行向并行的转变，即将传统按层级展开、串行推进的 OODA 闭环更改为在协作性信息环境中以网络化展开、并行推进的指挥控制模式。

二是由人工向智能的转变，即依托导弹智能化技术，将传统的人工串行任务规划过程转变为导弹智能在线任务规划过程。

三是由预先向实时的转变，即指挥控制实时进行，情报信息实时共享，导弹实时反应，进行快速打击。

四是由繁杂向简单的转变，即基于导弹免测试、免维护技术，简化传统导弹纷繁复杂的技术准备过程，实现召之即来。

（四）五性模型

通过开展 OODA 研究，细化分解导弹全寿命周期各阶段工作流程，梳理低效环节，明确改进方向，确定关键技术，可对导弹武器系统作战综合效能带来五个方面的提高，概括为五性，如图 2－10 所示。

1）快速性。大幅缩短 OODA 闭环时间，使导弹武器系统实现需之即产、召之即来、来之能战、战之必胜，提高作战的快速性与突然性。

2）准确性。对战场信息进行充分侦察和判断，提高决策的效率和准确性，通过高精度末制导系统和人工智能目标识别算法等手段，提高精确打击能力。

3）覆盖性。通过构建地面超视距雷达、空中预警机、天基卫星侦察系统等多样化、全方位侦察体系，保证对战场区域的覆盖性，提供可靠的战场信息。

4）自主性。提升导弹智能化水平，实现导弹作战由人工向智能、由预先向实时的模式转变。

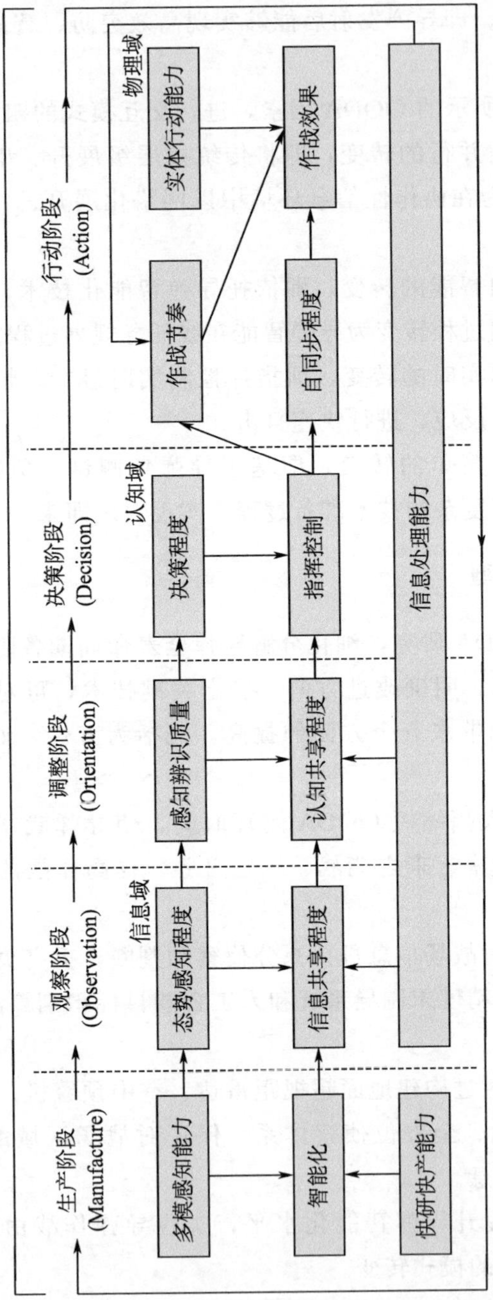

图 2-9　影响 OODA 循环时间的因素及相互关系

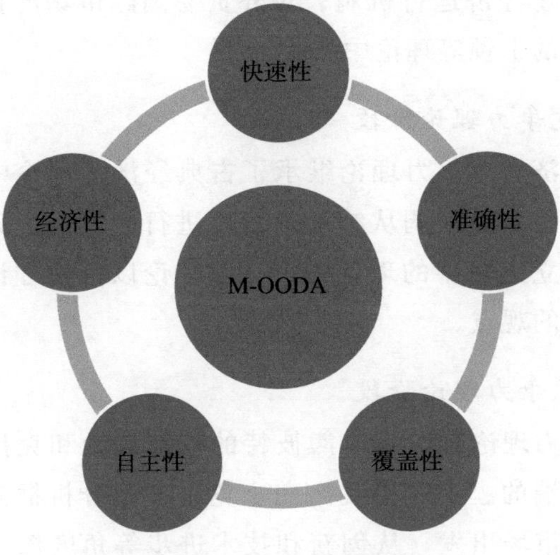

图 2-10　OODA 性能提升五性

5）经济性。快速、准确打击敌要害节点，以有限的导弹消费、可控的战争规模，最大程度地摧毁和瓦解敌方作战体系和抗击意志。

四、企业和产品竞争力理论

企业竞争力与军队战斗力、产品竞争力与武器装备实战能力具有概念的相似性，企业和产品的竞争力理论对研究武器装备实战能力具有重要参考价值。

（一）发展历程

从竞争力理论产生和发展的整个历程来看，可以划分为四大阶段，即竞争力理论萌芽阶段、传统竞争力理论阶段、现代竞争力理论阶段、当代竞争力理论阶段。

1. 竞争力理论萌芽阶段

重商主义时期是竞争力理论的萌芽时期，集中体现在商业经济流通中自由市场经济运行机制、对外贸易国际市场的拓展、国家对保证财富增长的干预等理论中。

2. 传统竞争力理论阶段

新古典经济学竞争力理论继承了古典经济学理论中自由竞争的思想和理念，但是更强调从结果的角度进行静态竞争分析，通过梳理分析方法建立起完善的理论体系。该理论以价格理论为中心，提出了市场均衡的观点。

3. 现代竞争力理论阶段

现代竞争力理论阶段是以熊彼特的创新理论和克拉克的可行性竞争理论为开端的。该理论跳出完全竞争理论分析框架，以动态的眼光，从现实市场出发，从创新和技术进步等角度探索更能解释实际市场行为的理论。

4. 当代竞争力理论阶段

当代竞争力理论适应全球化、信息化和高技术发展的需要，提出国家竞争力的概念。迈克尔·波特的竞争三部曲堪称当代竞争力理论的基石，竞争力研究在宏观、中观、微观等多维层面全面开展。

（二）概念内涵

1. 企业竞争力

企业竞争力是指在竞争性市场条件下，企业通过培育自身资源和能力，获取外部可寻资源并加以综合利用，在为顾客创造价值的基础上，实现自身价值的综合性能力。企业竞争力是在竞争性的市场中，一个企业比其他企业更有效地向市场提供产品和服务，并获得盈利和自身发展的综合素质。

企业的核心竞争力是指企业组织中的独特知识，特别是关于如何协调不同生产技能和整合多种技术的知识，并据此获得超越其他竞争对手的独特能力，是企业完成某一特定活动的特定能力。

2. 产品竞争力

产品竞争力是指产品符合市场要求的程度，这种要求具体体现在消费者对产品各种竞争要素的考虑和要求上。

产品竞争力是企业竞争力的基础和核心，企业竞争力最直接的表现就是产品竞争力，企业在其他方面的竞争，都是围绕产品竞争而展开的。

3. 竞争力的主要特征

1）对比性。竞争力是在竞争主体相互比较、相互较量基础上才能存在的概念，没有竞争主体之间的相互较量、相互比较、相互竞争，就不存在竞争主体的竞争力问题。

2）多层次性。由于参与竞争的主体包括国家、地区、产业、企业等多个层次，因此竞争力具有多层次性。当然，各个主体之间对竞争力各有侧重，研究竞争力必须结合特定利益主体的特性。

3）动态性。对一个竞争主体竞争水平的分析应该从其所处的内、外部环境展开，而这些内、外部环境处于不断的变化过程中。因此，竞争力具有动态性。

4）内生性。竞争力是指某个竞争主体的竞争力量。从单个竞争主体自身角度来讲，在竞争过程中所表现出来的竞争力量是其能力或素质的表现。

（三）分层要素

1. 分层结构

竞争力研究体系分为四个层次：一是宏观层面，主要是研究国家竞争力；二是中观层面，主要研究产业竞争力和区域竞争力，在区域竞争力研究中，城市竞争力的研究引起较大关注；三是微观层面，主要研究各种组织的竞争力，其中，较多学者进行企业竞争力的研究；四是亚微观层面，主要研究产品竞争力。在产品与企业之间还有一个层面，即项目竞争力，如图 2－11 所示。

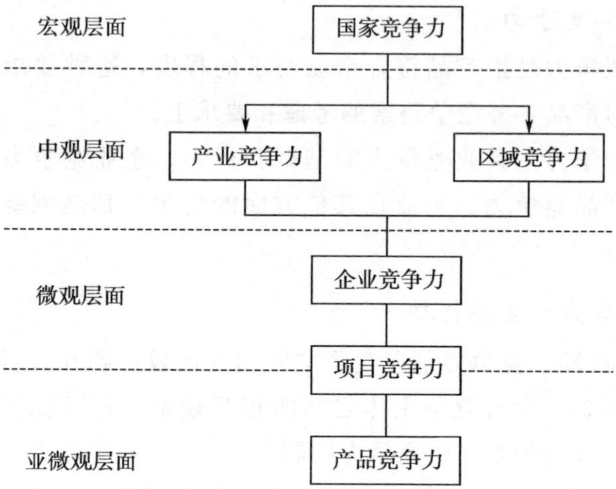

图 2－11　竞争力的分层要素

2. 构成要素

1）国家竞争力。国家竞争力是一国所拥有的竞争实力、竞争潜力以及使得竞争潜力能够迅速、高效转换为竞争实力的机制，它不仅体现一国参与国际竞争能力的强弱，还体现该国各项能力的整体协调情况。

2）产业竞争力。产业竞争力指某个国家或某一地区的某个特定产业相对于他国或其他地区同一产业在生产效率、满足市场需求、持续获利等方面所体现的竞争能力。

3）区域竞争力。区域竞争力就是能支撑一个区域持久生存和发展的力量，即一个区域在竞争和发展的过程中与其他区域相比，所具有的吸引、争夺、拥有、控制和转化资源，争夺、占领和控制市场的能力，为其自身发展所具备的资源优化配置能力。

4）企业竞争力。企业竞争力是指在竞争性市场条件下，企业通过培育自身资源和能力，获取外部可寻资源，并加以综合利用，在为顾客创造价值的基础上，实现自身价值的综合性能力。

5）产品竞争力。产品竞争力是指符合市场要求的程度，这种要求具体体现在消费者对产品各种竞争要素的考虑和要求上。产品竞争力是企业竞争力的基础和核心，企业竞争力最直接的表现就是产品竞争力，企业在其他方面的竞争都是围绕着产品竞争而展开的。

（四）指标体系

企业竞争力指标体系以反映企业生产、经营活动的各项财务指标和统计指标为核心，主要包括企业竞争基础能力、盈利能力、经营安全能力、资产运营能力、技术创新能力、持续发展能力、品牌影响力七个方面。

1. 企业竞争基础能力

企业竞争基础能力反映企业维持竞争水平的一些基本构成要素，包括人力、物力和财力。

2. 盈利能力

盈利能力方面的指标包括销售利润率、总资产报酬率、资本收益率、资金利润率等。

3. 经营安全能力

经营安全能力包括自有资本构成比率、产权比率、资产负债率、流动比率、速动比率等。

4. 资产运营能力

资产运营能力包括收账款周转率、存贷周转率、流动资产周转率、总资产周转率等。

5. 技术创新能力

技术创新能力包括设备先进程度、技术创新投入率、技术开发人员比率、专利水平、新产品开发成功率、新产品产值率等。

6. 持续发展能力

持续发展能力包括产品销售方面、企业经营社会责任方面、组织拓展方面的指标，如销售收入增长率、利润增长率、净资产增长率、积累增长率、企业经营权利系数、社会贡献率、组织能力拓展力等。

7. 品牌影响力

品牌影响力包括企业品牌知名度、顾客对企业产品满意度、顾客对企业发展信心、产品返修率、企业被投诉次数等。

（五）九力模型

九力模型是指属于企业外部属性的竞争力，主要包括品牌力、研发力、营销力、创造力、产品力，以及属于企业内部属性的竞争力，主要包括资源力、决策力、执行力、整合力。

（六）评价方法

主要包括功效系数法、综合指数法、主成分分析法、层次分析法、聚类分析法、因子分析法、数据包络分析法等。

五、美俄实战化研究理论

世界军事强国极为重视实战化问题，不仅仅将其视为技术工程，而且将其视为管理工程、制度工程，实战化现已成为一项系统工程。实战化系统工程是武器装备在全寿命过程中及多样化的作战使用条件下，实现实战化能力增长的一项工程。

美俄在此方面经过几十年的发展，尤其是新装备经历了实战的考验后，逐渐形成了富有自身特色的实战化系统工程。

（一）美国

1. 评价机制

自第二次世界大战以来，美国的军事实力一直处于世界领先地位，而这与其针对武器装备采取有效的评价机制是分不开的。评价机制是武器装备发展过程中不可或缺的重要因素。

美国具有完整、系统的评价机构，包括国会一级的评价机构、国防部一级的评级机构、军种一级的评价机构、计划办公室一级的评价机构。这些机构各有分工，对武器装备的各个方面进行评估，贯穿武器装备从研制到实战的各个环节。

再者，美国具有高素质的评价队伍。美国武器装备的评价队伍一般都受过专门的高等教育和正规的培训，具有专职、稳定的特点，是知识渊博、具有工作经验和管理经验、富于创造精神的高素质群体。

较为重要的是，美国具备科学合理的评价体系和广泛缜密的评价内容。为了保证评价结果的科学性、准确性和合理性，美国针对武器装备发展的不同阶段，选取不同的方面进行评估。而针对评价的内容，也分阶段来实现，包括立项论证的综合评价、承包商资格审查评价、阶段审查评价、定期审查评价、试验与鉴定。

2. 评估模型

美国针对武器实战化评估，一般采用效能评估的模型，包括ADC模型、SEA模型、探索性分析、基于HLA的分布式仿真模型等。

3. 实战化技术发展

在评价机制、模型的支持下，美国针对武器装备不断提出了一些新的实战化发展思路，主要是持续推进先进技术、先进战术的实战化应用，较为典型的如下。

从实战技术出发，开发、验证导弹武器的实战能力，全力实现高效、低成本精确打击。包括：LRASM导弹首次舰射并加载战斧控制系统数据，促进分布式杀伤概念落地；赋予原有导弹武器系统新能力与新用途，实现集成创新；新型远程精确火力（LRPF）导弹单发射器双发，力求高效、低成本；下一代空射战术导弹小型化发展，确保空中优势；开发不依赖GPS的导航系统，提高制导精度，应对GPS拒止和高对抗环境；提升软件能力，实现现役武器与新武器间低成本快速集成。

持续推进高超声速武器发展，加速尖端技术的武器化、实战化进程。包括推进高超声速飞行器关键技术成熟化进程，加速武器装备研究成果转化，发展增材制造技术，探索新技术途径等。

提升无人机蜂群编队作战能力，探索分布式空中作战概念，加速新战术的实战化进程。

加速发展新概念武器，推进实战化列装。包括推进高功率微波导弹集成研制工作，以战斗部多样化、小型化提升作战效能；开展高能激光武器主战平台搭载验证工作，逐步走向实战化；着力发展电子战反蜂群无人机技术，发展势头较好。

（二）俄罗斯

俄罗斯将实战化定位为武器装备性能的应有之意。针对未来武器装备研制所需的技术储备一般包括两部分：第一部分是现有成熟技术；第二部分是通过完成各种科研工作获得的新技术。为了评估这些技术以及所形成的装备，俄罗斯也形成了自己独有的实战化系统工程。

俄罗斯针对武器装备科技的评价，需要准备所需的初始数据，包括：未来武器装备研制战术技术任务；符合国防采购需求或功能分配的未来武器装备结构形式；确定具体科技储备的文件（专利、科研成果、试验备忘录和在完成科技储备研究过程中制造的试验样品、工作设计文件等）；试验场说明书（试验基础设施状态）；国防工业系统企业的生产基础特点；国家武器发展规划中未来武器装备采购数量和期限指标等。

在初始数据分析基础上，未来武器装备技术成熟度评估大致需经过 6 个阶段。

阶段 1：考虑武器装备结构功能布局，评估单项技术的设计成熟度。

阶段 2：评估单项技术的制造成熟度。

阶段 3：评估未来武器装备每个独立子系统或部件的科技储备成

熟度（简称技术成熟度）。

阶段 4：评估武器装备研制的试验成熟度。

阶段 5：获得未来武器装备系统技术和试验成熟度的综合评估。

阶段 6：针对武器装备研制判断现有科技储备的满足程度。

在武器装备研制过程中引入技术综合成熟度评价方法，能够找出项目发展中不同层级（系统、子系统或部件）的技术缺陷，找出项目风险，并通过采取相应的技术完善措施改善武器研制计划实施的最终效果。

在世界范围内，实战化发展具有如下特点和趋势，并存在一些问题。

一是实战化全寿命周期评价体制、制度逐渐优化、健全，逐步形成实战化能力增长的良性循环。经历无数次战争洗礼的欧、美军事强国，已经意识到实战化不是口号，而是实实在在的战斗力增长。对于装备管理者来说，建立实战化考核机制，既可以杜绝实战化能力不高的装备，又可以引导装备向高实战化发展。美国已经完成了实战化增长工程构建的工作，俄罗斯也基本完成，虽然其实战化增长的全面性还有待进一步提高，但是工作已经稳步推进。

二是缺少更为全面的实战化评价工具、方法，反映了对实战化内涵本质的认知理论研究不足，难以形成较全面的工具、方法。美国的实战化评价更多是从效能的角度出发，这种视角较为狭窄。从诸多实战化问题中可以发现，实战化问题包括许多非效能问题，传统的效能等于实战化的观念已经过时，需要构建更为全面的实战化考核、评价机制。这一点从美国装备造价越来越高、军费越来越难以承受就可以看出。

三是现有的评价机制仅仅在于评价，而不是从源头上制定设计准则，这也反映了难以明确全面的实战化需求。装备是设计出来的，这就意味着要实现实战化，从设计源头出发是关键，对于设计需求，还缺乏全面性研究。逆向思维固然重要，但正向思维更为根本、系统、全面。

第三章　武器装备实战化概述

从武器装备实战化研究的目的和意义出发，借鉴OODA理论、产品竞争力理论，结合对武器装备实战能力的友好性、对抗性本质的理解与认识，对武器装备实战化概念、如何提出武器装备实战化需求、如何设计实现实战化、如何评价武器实战化能力等，进行理论和方法的阐述。

一、基本概念

（一）从实战化到实战性

“化”谓之彻头彻尾、彻里彻外，是实战能力普适程度的反映。实战能力的主要影响因素包括人、装以及人装的结合。对装备而言，其实战能力是装备实战性的反映，实战性作为装备的固有属性，决定装备实战能力，成为实战化的重要影响因素。因此，研究和认识装备实战性的概念、内涵，掌握其生成、增长的规律和特点，探索驾驭实战性的系统工程方法，对于探索武器装备实战能力具有十分重要的意义。

（二）从实战性到好用性、实用性、管用性

好用性、实用性、管用性是衡量武器装备实战性的又一重要标志。武器装备的实战性包括友好性和对抗性两个方面，友好性体现在武器装备的好用性和实用性方面，对抗性体现在武器装备的实用性和管用性方面，如图3-1所示。

可见，实战性可以用好用性、实用性、管用性来进行表征。

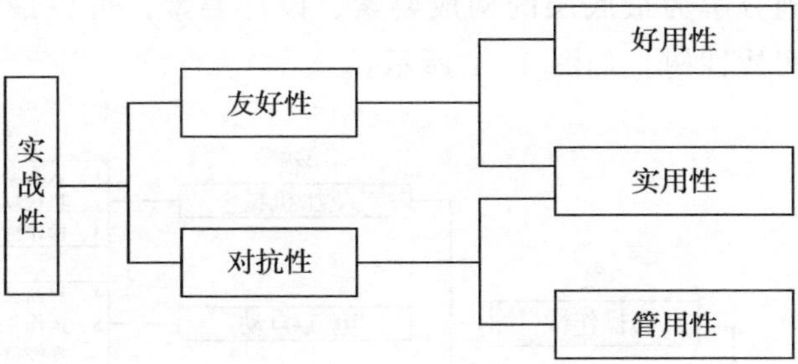

图 3－1　实战性的两重性与“三用”

(三) 武器装备实战化定义

武器装备实战化是指武器装备的实战能力，是装备好用性、实用性和管用性综合的度量。

好用性是指武器装备操作简便、管理简单、维修方便，它是装备人机交互能力的体现。

实用性是指武器装备使用价值高、实际能力强，它是装备实际价值的体现。

管用性是指武器装备实现作战使命的能力，它是装备对抗能力的体现。

好用性、实用性、管用性是武器装备实战化的核心内涵。好用性、实用性、管用性的要求，不仅仅包括武器装备的战术技术性能和通用质量特性，还应涵盖装备、使用人员的在编实力、战备完好性、有效性、可用性、可信性、操作性、经济性和系统效能等，是武器装备建设根本的出发点和落脚点，是评价和检验武器装备实战能力的根本标准。

二、分解构成

依据需求对指标映射、指标对需求迭代的闭环方法，经过多轮次、多角度的映射、迭代流程，逐级将武器装备实战性从顶层向下分解，直到分解为最底层的构成要素、设计要素，可以最终得到五层结构的实战性树，如图 3－2 所示。

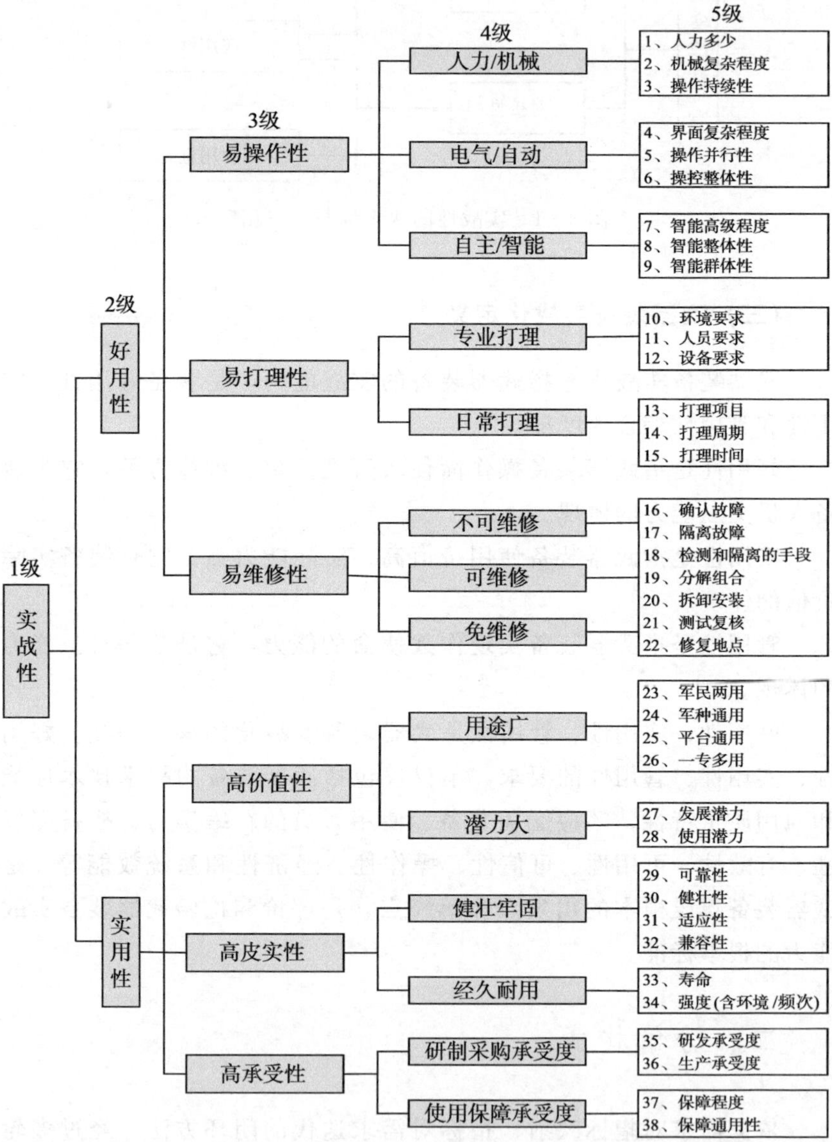

图 3－2　实战性树

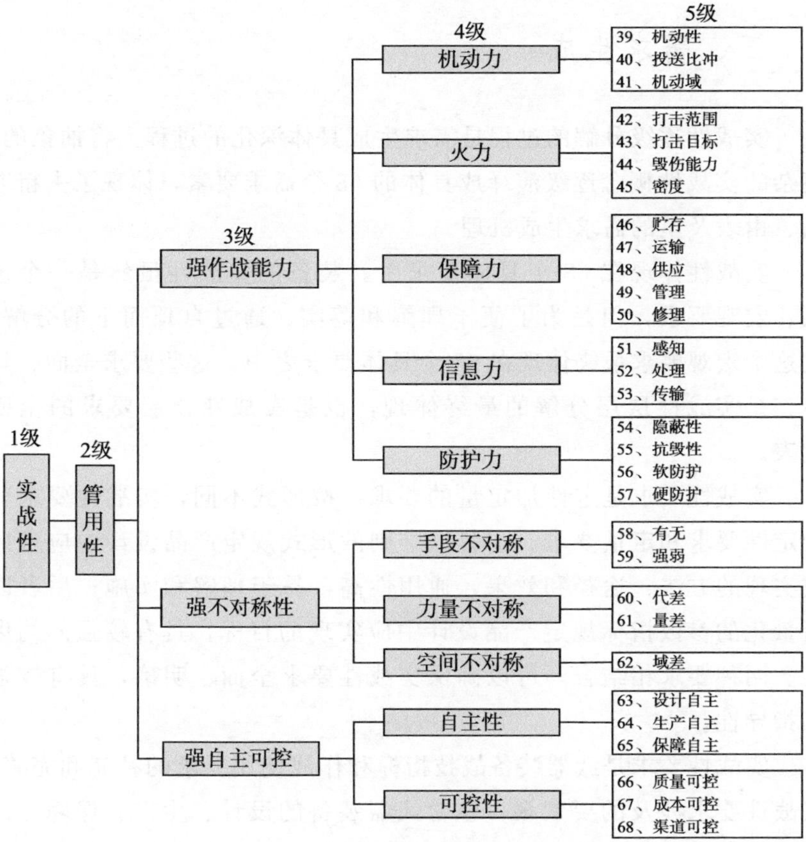

图 3-2　实战性树（续）

第一层为实战性要素，第二层为好用性、实用性、管用性 3 个要素，第三层为易操作性、易打理性、易维修性、高价值性、高皮实性、高承受性、强作战能力、强不对称性、强自主可控 9 个要素，第四层为第三层要素分解得到的 24 个要素，第五层为第四层分解的 68 个要素。

分解、挖掘得到的 68 个底层要素是实战化的核心，是装备实战化的 DNA，按照这 68 个底层要素进行装备设计，必然会得到具有实战化基因的武器装备，成为好用、实用、管用的实战利器。

三、需求生成

实战性逐级分解的过程是需求生成具体深化的过程。将抽象的、复杂的实战性概念逐级演绎成具体的 68 个需求要素，体现了去粗取精、由表及里的需求生成机理。

实战性体现在 68 个具体要求中。装备的实战性虽然是一个顶层、宏观要求，但是为了便于理解和落实，通过自顶而下的分解，使这个宏观要求最终体现在 68 个具体要求之中。这些要求全面、具体，是实战性层层分解的最终体现，也是实战性顶层要求的全面代表。

实战性要求是定性加定量的要求。按形式不同，实战性要求分为定性要求和定量要求。前者以准则的形式规定产品设计中应遵照或实现的方法、途径和效果，通用性高，易于理解和实施；后者以可量化的参数指标规定产品设计中应实现的目标，具有较强的约束性。两种要求相结合，可以确保实战性要求全面、明确，具有较强的指导性。

实战性要求是武器装备战技指标和作战使用要求的补充和完善。实战性要求涉及的要素多，包含武器装备的设计、生产、保障、使用等方面，是对装备的功能、性能与通用质量特性的综合权衡，也是武器装备战技指标和作战使用要求的补充和完善。

实战性要求是武器装备设计、验证、评估的基本依据。装备应依据每条具体要求开展设计和验证工作。依据每条具体要求的落实程度，最终通过评价得到装备实战性的高低。

四、设计实现

根据实战化要求所选择的使用模式和功能，研制部门将其转化为武器装备论证和方案的设计输入，使总体技术方案能够落实各个实战化要求，从而使武器系统在方案源头上就具有实战化的基因。具体的方法主要包括系统工程设计方法和用户体验设计方法。

（一）系统工程设计方法

实战化系统工程是研究武器装备在全寿命过程中及多样化的作战使用条件下，实现好用、实用、管用的过程。它运用系统科学与系统工程的理论与方法，从系统的层次性、相关性、整体性及其同外界环境的辨证关系出发，研究影响实战化的因素、规律，及预防、预测、诊断与修复的理论与方法，并运用这些规律、理论与方法开展一系列相关的技术与管理活动，包括实战化组织管理、实战化设计分析、实战化试验评价、实战化使用增长、实战化原则要求等工作。

1. 系统构成要素

实战化系统工程包括全寿命周期、参与部门、工作流程三个维度。按照落实实战化要贯穿于全寿命、全系统、全流程的要求，针对每一阶段的装备形态，都要形成从实战化要求到实战化检验的闭环，环环相扣，形成实战化从需求源头到使用增长的系统工程流程图，详见表 3-1 和表 3-2。表 3-1 是具体的流程表，表 3-2 是对表 3-1 的具体解释。实战化系统工程总的来说包含四种流：一是方案对需求的映射流；二是需求、试验对方案的迭代流；三是需求、方案对试验的输出流；四是政策、保障对研制工作的支持流。

机关/用户、研制部门、鉴定部门三类角色各司其职，既相互推动，又不断以承接式发展。其中，研制部门的开发队伍既要包括传统的功能和性能设计师队伍、六性设计队伍，还要包括用户体验设计队伍，而用户体验设计队伍又包括用户研究员、交互设计师、视觉设计师、性能设计师，以专业化的用户体验设计队伍支撑用户体验设计能力提升。

表 3－1 实战化系统工程流程表

阶段	论证阶段	方案阶段	工程阶段	鉴定阶段	生产阶段	使用阶段
主要工作	实战化需求、方案可行性论证	实战化方案设计、原理样机试验	设计、试制及试验	试验与鉴定	生产与检验	实战化使用维护与训练试验
	政策、保障					
机关/用户	提出用户需求	细化功能性能需求	细化使用需求	固化实战性技术需求	批产任务需求	训练任务需求
研制部门	论证方案	总体方案	技术方案	技术状态固化	修改完善生产工艺方案	完善使用保障方案
鉴定部门	概念模型试验	数字/原理样机试验	工程样机/飞行试验	鉴定/试验	生产检验	训练试验

注：各阶段中，机关/用户需求经"映射"至研制部门方案，研制部门方案经"迭代"至鉴定部门试验，机关/用户需求亦直接指向鉴定部门试验，并由"迭代"返回需求。

表 3－2 实战化系统工程流程的详细内容

阶段	论证阶段	方案阶段	工程阶段	鉴定阶段	生产阶段	使用阶段
用户、机关	提出作战需求：提出实战化作战需求，满足管用性	依据论证方案而细化功能性能需求：依据论证方案、作战需求细化功能性能需求，满足实用性	依据总体方案而细化使用需求：依据总体方案、功能性能需求细化使用需求，满足好用性	固化实战性技术需求：针对研制阶段，综合鉴定、技术状态反馈，固化实战性技术需求	依据技术方案而细化工艺需求：依据技术方案细化工艺需求，满足实战化生产要求	结合实战，使用固化实战化使用需求：针对使用阶段，综合使用鉴定、使用维护状态反馈，固化实战化使用需求
开发	论证方案及迭代需求：根据实战化作战需求，提出论证方案，并根据技术现状及潜力迭代作战需求	总体方案及迭代需求：依据实战化功能性能需求，细化总体方案，并根据总体方案实现情况，迭代功能性能需求	技术方案及迭代需求：依据使用需求，细化总体方案，并根据技术方案实际情况，迭代使用需求	实战化技术状态固化及迭代实战性技术需求：依据全系统验证，固化研制阶段的技术状态，并根据技术状态迭代技术需求	工艺方案及迭代需求：依据工艺需求，细化技术方案，并根据工艺方案的实际情况迭代工艺需求	使用维护状态固化及迭代实战化使用需求：依据实战验证，固化使用阶段的使用维护状态，并根据使用状态迭代使用需求
试验	概念模型验证及迭代论证方案：建立概念模型，验证论证方案对实战化作战需求的满足情况，并进行方案迭代	数字样机模型验证及迭代总体方案：建立数字样机模型，验证总体方案对功能性能需求的满足情况，并进行方案迭代	实物验证及迭代技术方案：开展实物试验，验证对实战化使用需求的满足情况，并进行方案迭代	全系统验证及迭代技术状态：开展全系统鉴定试验，验证技术状态对实战性技术需求的满足情况，并进行技术状态迭代	生产检验及迭代工艺方案：开展生产检验试验，验证对工艺需求的满足情况，并进行方案迭代	实战验证及迭代使用维护状态：开展实战使用试验，验证使用维护状态对实战化使用需求的满足情况，并进行使用维护状态迭代

2. 组织与管理

组织与管理的核心在于将实战化各项工作纳入装备工作的整体去考虑，形成一体化的体制和机制，避免出现“两张皮”的现象。

1）一体化管理。就是将实战化各项工作纳入到装备管理的计划、组织、指挥、协调、控制之中。

2）一体化队伍。就是将实战化工作作为型号队伍的一项重要职能，把性能、通用质量特性、实战化研发工作统筹考虑，并做到协调、均衡、推进和落实。

3）一体化大纲。就是要制定实战化工作大纲，并与质量保证大纲、六性大纲、标准化大纲等同等对待，有机整合。

4）一体化评审。就是将实战化要求作为转阶段评审的重要内容，实战化达不到规定要求，不能转阶段，以保证实战化工作的落实。

3. 设计与分析

1）设计。通过实战化构成中最底层的 68 个要素（要求）进行实战化设计，进行多要素优化选择，由此确定指标设计值、具体技术途径和方案。

2）分析。通过分类、分层、加权的度量和评价方法，计算实战化值，找出实战化短板，优化和改进武器装备设计和方案。通过反复迭代和优化，最终确定满足实战化要求的武器系统总体方案。

4. 试验与鉴定

1）试验分类。在论证、方案、研制、鉴定、生产、使用的不同阶段，存在概念模型试验、数字/原理样机试验、工程样机/试验、鉴定/试验、生产检验、训练试验 6 类不同的实战化试验形态，每一形态均应进行实战化设计和检验。

2）试验组织。无论哪一种试验形态，均应组织研制、使用和鉴定部门的人员共同参加，使得实战化的试验和检验贯穿于武器装备全寿命过程，并确保使用和鉴定人员能够在武器装备的早期阶段就介入试验和鉴定工作。

3）试验评价。通过试验，暴露问题，给出结论。

4）方案改进。针对装备试验暴露的问题进行技术优化、方案改进，实现实战化早期落实和不断增长。

5. 使用与增长

1）暴露问题。在装备交付后，用户部门对训练使用过程中暴露的问题进行信息搜集，并反馈给研制单位。

2）解决问题。研制单位依据暴露的问题，通过状态更改或装备改进的方式予以解决。

3）实战化增长。通过在使用过程中不断发现问题、解决问题，修补实战化潜在缺陷，实现实战化增长。

6. 原则与要求

1）一体化原则。遵从实战化设计与性能设计的一体化、实战化试验鉴定与性能试验鉴定的一体化原则。

2）全过程原则。实战化系统工程遵从论证、方案、研制、鉴定、生产、使用的全过程原则。

3）全员参与原则。遵从型号队伍人员全员参与实战化设计、实战化考核、实战化增长的原则。

4）增长原则。实战化工作要遵从实战化增长原则，以实战化获得增长作为阶段考核依据。

5）规范性原则。进行规范的实战化管理、设计、试验等，以实战化大纲作为具体规范要求，系统开展实战化设计工作。

6）SMART 原则。S 即 Special（具体的），目标是具体清晰的；M 即 Measurable（可衡量的），不但具体，还直接可衡量；A 即 Attainable（可实现的），在当前的技术水平上，是可以通过实战化设计达到实战化目标；R 即 Result - based（重视结果导向），只要能达到实战化目标，可以采取不同的措施；T 即 Time - based（有时间性），要在规定的时间内达成实战化目标，满足时效性要求，始终比对手具有更高的实战化。

（二）用户体验设计方法

好的用户体验是产品取得成功的基石，可能因人、产品和任务的不同而不尽相同，但共同的特征是易用性，而易用性归根结底离不开设计。用户体验设计应保证用户利益、完成设计所需要的时间、预算和其他资源等限制条件达成平衡。

1. 产品用户体验设计流程

产品用户体验设计前，需要识别设计需求和有关限制；通过用户问卷调查对用户进行细分，收集现有技术应用及建议；对所掌握的用户行为进行数据分析，了解现有指标和用户反馈；开展使用性测试工作，发现交互方面存在的问题；开展竞争性使用测试工作，对比同类产品的优势和不足；进行实地走访和用户跟踪，总结现有用户在产品或任务两方面的用户体验以及解决方式；组织专家讨论和访谈，揭示用户偏好和竞争性产品设计的不足。

产品用户体验设计过程中，需要测试原型的有效性，让用户在类似产品的真实使用环境中对原型进行测试，不断迭代此过程，直到产品发布。

产品用户体验设计完成后，进行问卷调查，通过使用数据分析对比产品和过去行为之间的变化，跟踪用户的长期行为，实地走访了解用户的实际使用情况。

2. 用户体验设计方法

用户体验是指产品如何与外界发生联系并发挥作用，也就是人们如何接触和使用产品。用户体验设计是指一系列用于人的交互行为的设计方法，目的是帮助用户工作得更快，以及减少用户犯错的几率。用户体验设计通常要解决的是应用环境的综合问题，兼顾视觉和功能两方面因素，同时还需解决产品所面临的其他问题。

产品越复杂，用户体验和设计难度就越大。用户的需求是动态的、复杂的，分析和理解用户需求要具备人机工程学知识、策略的使用研究和开发方法。常见的用户因素包括：竞争优势、品牌、生产率、用户参与、趣味性、可用性、简单性、挑战、视觉感知、符号学、叙事性、限制条件等。

通常，用户体验设计以战略层、范围层、结构层、框架层和表现层为基本架构，从战略层开始由上至下层层传递约束。

1）战略层。在战略层设计中，应明确产品目标和用户需求。明确产品目标包括明确商业目标、品牌识别和成功标准。明确用户需求包括用户细分、可用性和用户研究、创建用户角色。需要考虑用户的协同体验、情感响应、记忆模式、错误、期望和动机等。

2）范围层。在范围层设计中，应将产品目标和用户需求转变成产品应该提供给用户什么样的内容和功能，使战略变成范围。功能需求需要确定产品功能和内容、定义需求、功能规格说明等。内容需求需要确定内容清单、需求优先级等。

3）结构层。在结构层设计中，应将关注点从抽象的决策与范围问题，转移到更能影响最终用户体验的具体因素。结构层设计关注于描述可能的用户行为，同时定义系统如何配合及响应这些用户行为。通过信息架构来构建用户体验，通过防错设计使系统不可能犯错或错误难以发生。

4）框架层。在框架层设计中，应进一步提炼结构，确定详细的界面外观、导航和信息设计。通过界面设计来确定框架，考虑可交互元素的布局；导航设计用来呈现信息，考虑在产品中引导用户移动元素的安排；信息设计用来呈现有效的信息沟通，考虑传达给用户的信息要素的排布。

5）表现层。在表现层设计中，应把注意力放到感知设计，将内容、功能和美学汇集到一起达成最终设计，完成其他四个层面的所有目标，并同时满足用户的感官，解决并弥补产品框架层的逻辑排布的感知呈现问题。

五、能力评价

对于能力评价，常用的方法有仿真、试验、解析计算、专家评价等，这些方法各有优长，应用于不同的武器装备评价领域。

从武器装备实战化评价角度出发，由于评价要素多、动态性强、不确定性因素大、环境复杂、对抗性强、涵盖平时和战时等原因，仿真、试验、解析计算的方法都难以适应这些复杂要求。

对此，我们综合提出了基于模型的专家评价方法。

（一）评价的总体思路

一是自上而下的要求分解，将实战化 DNA 分解出来。将实战化分解为好用性、实用性和管用性，分别将好用性、实用性和管用性层层分解下去，直至分解到底层的面向设计的实战化要求为止。这种分解既是实战化整体细化的过程，又构建出实战化全部要素及其相互关系的“实战化树”，基本要素的分解既构成需求的要素，又构成设计的输入，也是试验考核的要求。

二是自下而上的要求实现与评估，通过要素级实现评价实战化值。实战化底层需求构成设计的输入，按照底层需求进行设计的过程就是将实战化融入产品、打造实战 DNA、实现要求的过程。针对最底层的实战化要求，逐一制定评分准则，按等效边长法向上一层进行综合，直到给出好用性、实用性、管用性的评估值；再按指数加权法，得到实战化评估值。

（二）评价的总体方法

1. 类比的方法

所谓类比的方法，就是借鉴与实战化研究方向类似的成熟领域的研究途径、方法、成果等，进行类比研究。比如可以类比装备可靠性的研究方法，见表 3－3。

表 3-3　类比方法

比较的角度		可靠性研究	实战化研究
联乘性	联乘形式	可以通过“系统的系统”进行层层分解进而层层联乘,这是因为可靠性是一个不确定的概率问题,完全具有数学的性质	不是概率问题,虽然可以用等效边长的联乘根,但是有门限
	联乘结果	会因为一项为 0 而整体为 0	不会因一项为 0 而整体为 0,因为实战化是素质,素质是相对的,没有绝对的 0 素质
	联乘分解	可以分解	不可分解,只有个别子系统较独立时可以分解,比如导引头、卫星抗干扰的实战能力
	权重	无权重项	有权重项,有的子系统对整体权重贡献很大
变化性	变差	可靠性具有潜在缺陷演变为故障的特性,这个反映了装备的性能随时间、环境而变差	实战能力弱项具有遇到条件而触发的特性,这个条件导致了实战能力的相对性,反映了装备的实战能力自身不会发生变化,变化的是对手
	与设计的迭代性	可以通过试验-设计的迭代进行可靠性增长	可以通过试验-设计的迭代进行实战化增长
余量	措施	提高可靠性,余量设计是普遍采用的方法	为了提高实战化,余量是一种方法
	作用	余量基本与可靠性成正比	余量与实战能力不成正比,余量越大,实战能力并不一定越高
增长趋势	可逆性	不可逆,是递减的,可靠性是资本,会耗尽	可逆也不可逆,既可递减也可递增,实战化是种子
	与时间的关系	是时间的函数,可靠性可以认为就是时间可用性	与时间无关,与人有关(敌人和自己)
特点总结		绝对的不确定性	相对的确定性

2. 从问题出发的方法

从问题出发就是从实战化问题出发，分析这些问题的特征、表现形式，进行分类、多角度提炼，并挖掘问题的本质，这实际上也是对实战化规律的研究。

比如实战化问题可以提炼为不好用、不实用、不管用等方面，在提炼之后就可以进行针对性研究。

3. 演绎推理的方法

所谓演绎推理的方法就是自上而下式研究，比如要满足实战化要求，需要进一步满足什么需求，进行层层分解，逐渐得到最底层的要求。这种研究方法得到的结论更全面、更透彻，但是针对性稍差，难以抓住最直接的问题。

4. 建立实战模型的方法

实战化模型很多，许多针对作战的模型都可以看作实战化模型。比如 OODA 模型建立了作战全链条的模型，五力模型则揭示了装备的实战能力需求。这种建模方法一方面可以指导实战化设计，装备可以参考这种模型进行设计；另一方面可以检验其他实战化方法，检验其是否与实战化模型一致，如果有不一致的地方则需要进行修正。

（三）评价的具体方法

理论上讲，装备的实战化能力需要在实战中进行检验。但是，为了规避设计风险、减少人力和物力消耗，往往需要提前分析、评价装备的实战化能力。因此，对装备的实战化验证必不可少。开展实战化验证工作，应遵循以下原则。

一是实战化验证工作应尽可能与性能试验、可靠性试验、维修性试验、环境试验等验证工作协调进行，如需通过性能、可靠性等来保证实战化，应按性能、可靠性等验证要求进行验证。

二是实战化验证应作为性能鉴定和作战鉴定的重要内容，对于未通过实战化验证的内容，应采取设计改进措施或进行专题分析。

三是实战化验证应贯穿装备的全寿命周期，并尽可能“左移”，确保在设计源头使影响装备实战化的关键技术或产品得到有效验证，及时发现并改进设计问题，避免在研制后期因较大方案调整导致损失。

四是牢固树立实战化理念，使实战化验证与产品性能设计相结合，验证与设计相结合，确保提供符合实战化要求的产品。

实战化评价是依据实战化设计和实战化验证情况，评价装备实战化整体水平的过程。一个个底层要求是实战化设计和实战化验证的依据，因此底层要求是否实现反映着上一层要求的实现程度。通过评价底层要求的实现程度，并层层向上传递，最终可以评价得到装备实战化整体水平的高低。这一过程可分成下面 2 个过程：

1）针对 68 个要素制定评分标准、评价准则，进行打分。一类是导弹武器系统五制能力所涵盖的主要战术技术性能，包括时间类、距离类、概率类、速度类等指标；第二类是导弹武器系统的通用质量特性，包括可靠性、维修性、测试性、保障性、安全性、环境适应性等，主要是时间类和概念类指标；第三类则主要是从管用性分解出关系战术、战役、战略目的达到的相互条件、资源和要求，包括对抗性、博弈性、限制性、规定性等难以量化、具有不确定性的定性要求。根据不同类别要素制定打分准则，详见附录 A，打分算法表见附录 C。

2）针对 68 个要素的基础打分数据，制定评价方法，逐层向上综合。为了将底层要素向上综合，需要采用综合性方法，本书采用新提出的等效边长法，该方法同样在技术五维度评价研究中应用（参见《技术五维度评价方法》）。$a \times b \times c \times d \times e$ 相当于 5 维空间大小，则几何平均数 $\sqrt[5]{abcde}$ 相当于此 5 维空间的等效边长，且这个边长对应的 5 维空间周长最短。即以 $\sqrt[5]{abcde}$ 来对不同属性的值进行综合评价的方法就称为等效边长法。

对于每一层的子参数值，按等效边长法（$\sqrt[n]{x_1 x_2 \cdots x_n}$）得到每一层的参数值，直到第二层，得到好用性、实用性、管用性参数。

采用指数加权法（实战性＝好用性$^{1/3}$ × 实用性$^{1/3}$ × 管用性$^{1/3}$），得到最终的实战化评价指标。

再对得到的实战化分数按 1 分制进行划分，其中 0.6 分是及格线。为了体现实战化考核的严酷性，越向上实战化得分越难，将强实战化得分区间大小定为 0.1，良实战化、有实战化得分区间定为 0.15，差实战化、无实战化得分区间定为 0.3，且与 0.6 的及格线保持一致，见表 3－4。

表 3－4　实战化得分

实战化程度	得分	备注
强实战化	(0.9,1]	
良实战化	(0.75,0.9]	
有实战化	(0.6,0.75]	及格线
差实战化	(0.3,0.6]	
无实战化	[0,0.3]	

对于新论证的装备，先确定底层 68 个要素或要求，可以计算武器装备最终的实战化值。对于在役装备，按底层 68 个要素或要求，给出相应的评分值，再综合得到实际的实战化值。

（四）等效边长法

1. 概念

$a \times b \times c \times d \times e$ 相当于 5 维空间大小，则几何平均数 $\sqrt[5]{abcde}$ 相当于此 5 维空间的等效边长，且这个边长对应的 5 维空间周长最短。据此，我们提出等效边长法，亦叫等效维度法，即以 $\sqrt[5]{abcde}$ 来对多个属性维度进行评价。

由于等效维度也含有离散度的成分，那数据越离散，等效维度相较均值会减小多少呢？减小程度是否合理呢？按照不同离散程度进行随机采样，计算每组数据的等效维度和均值，计算二者之差并进行取样平均，见表 3－5。可见，最高下降了大约 2.3 个等级，对照九环理论、能量维度法（参见《技术五维度评价方法》）计算的结果，下降幅度相差不大，与九宫格的道理类似，这证明等效维度可以在反映均值的基础上进一步反映离散程度，做到一值两用。

表 3－5　等效维度比均值降低的等级数

均方差	等效维度比均值降低的等级数			
	1 万个样本	10 万个样本	30 万个样本	100 万个样本
均方差＜0.1	0.085 3	0.076 3	0.079 5	0.079 8
0.1≤均方差＜0.2	0.296 6	0.294 5	0.295 7	0.296 8
0.2≤均方差＜0.3	0.721 7	0.719 6	0.719 4	0.720 7
0.3≤均方差＜0.4	1.433 3	1.432 1	1.432 8	1.431 7
均方差≥0.4	2.288 8	2.288 3	2.2888	2.2876

注：上表采用平均分布而不是高斯分布获得样本，原因在于高斯分布的参数值难以客观确定；实战化的研究对象集并非一定集中于某一区间，在现有的评价准则下，可能大部分装备得分并不高或者得分非常高或者很平均，将来可能又得分很高或很低，这是动态变化的，实战化理论方法要起到客观引导的作用，而不是中庸的及格即可；本节侧重于方法研究，需要数据全面、齐备。

2. 几何、物理特征

等效维度的几何、物理意义以二维为例来研究。假设 a、b 为长方形两个值，如图 3－3 所示。

等效维度的几何、物理意义非常直观、明了，就是半弦长，因为 $c^2=ab$ 。a、b 相差越大，c 越靠右，也越短，物理意义非常直观；$a=b$ 时，c 最大，为半径，见图 3－4。

由圆切线的斜率变化，可见离散程度越大，下降的也越多，直到降为接近 0，但并不是直线下降，而是下降得越来越快，这意味着轻微的离散能够容忍，严重的离散不能容忍。在具体技术评价中，对于一些新技术，如果成熟度过低或者承受度过低，那就应该继续处于实验室阶段或概念阶段，不适合在装备上应用。

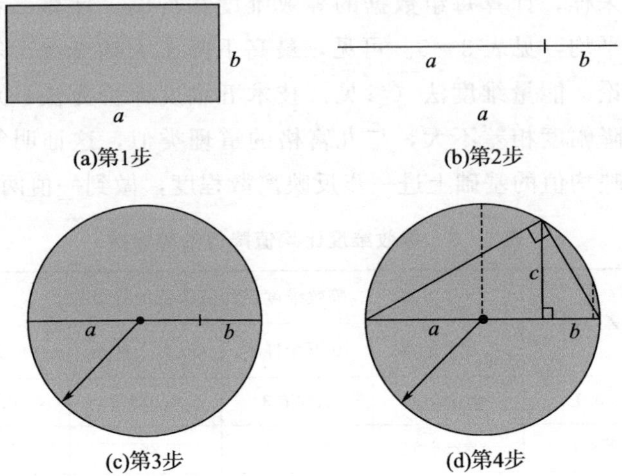

图 3-3 物理意义解释

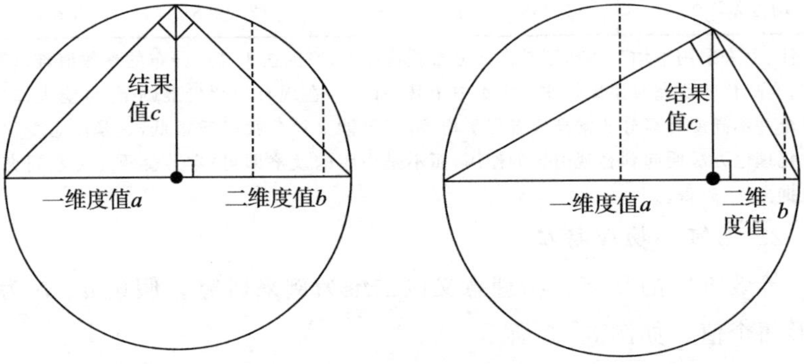

图 3-4 等效维度几何、物理意义

对于五维属性 a、b、c、d、e 来说，由

$$\sqrt[5]{abcde}=\sqrt[5]{\sqrt{(abcde)^2}}=\sqrt[5]{\sqrt{(ab)(bc)(cd)(de)(ea)}}$$
$$=\sqrt[5]{\sqrt{ab}\sqrt{bc}\sqrt{cd}\sqrt{de}\sqrt{ea}}$$

$\sqrt{ab}$ 为 a、b 的半弦长，$\sqrt{bc}$ 为 b、c 的半弦长，其他依次类推，这样 $\sqrt[5]{\sqrt{ab}\sqrt{bc}\sqrt{cd}\sqrt{de}\sqrt{ea}}$ 为 5 个半弦长的等效值。故 $\sqrt[5]{abcde}$

的物理、几何意义为等效两两半弦长。

3. 方法变种

对五维属性，可以有 3 种变种：

$(\sqrt[4]{abcd}+\sqrt[4]{bcde}+\sqrt[4]{cdea}+\sqrt[4]{deab}+\sqrt[4]{eabc})/5$

$(\sqrt[3]{abc}+\sqrt[3]{bcd}+\sqrt[3]{cde}+\sqrt[3]{dea}+\sqrt[3]{eab})/5$

$(\sqrt{ab}+\sqrt{bc}+\sqrt{cd}+\sqrt{de}+\sqrt{ea})/5$

它们均满足 $\leqslant\dfrac{a+b+c+d+e}{5}$，其之间的差异是降低的等级数不同，$\sqrt[5]{abcde}$ 最大，$(\sqrt{ab}+\sqrt{bc}+\sqrt{cd}+\sqrt{de}+\sqrt{ea})/5$ 最小。当前，采用 $\sqrt[5]{abcde}$ 即可满足要求。

4. 概率分布

取 300 万个随机样本，计算其等效维度值，按值的分布拟合出概率分布曲线，如图 3 - 5 所示。

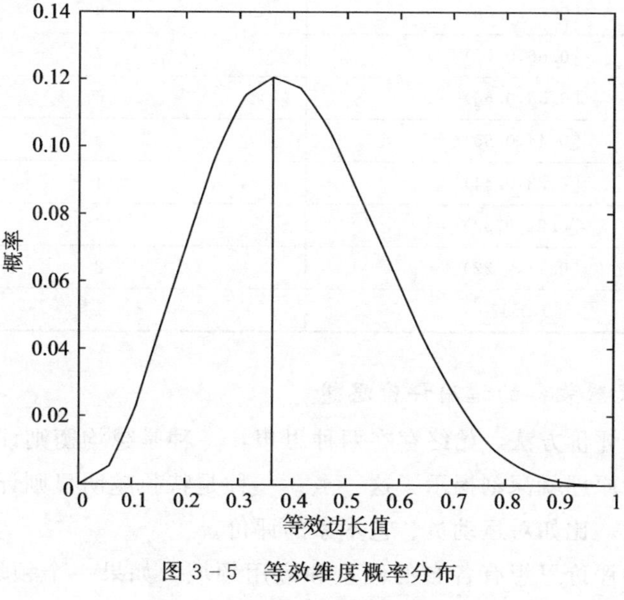

图 3 - 5　等效维度概率分布

可见，由于离散度的作用，等效维度的概率峰值左偏了大约0.13（相对0.5），这证明等效维度融合了离散的因素。

等效维度为单个值，并不需要考虑两个值的综合问题，在[0，1]区间画段取等级即可。等概率密度取等级的方法不合适，会使得9级、1级幅度过宽，很容易获得9级、1级。

5. 确定等级

针对等效维度计算出来的值，可进行如下分析。

按照从0到1等分依次确定9个等级（示例，还可确定其他数量的等级），分数越高等级越高，因为等效维度考虑了离散程度，是一个融合了平均程度和离散程度的综合值，如果得分高，则足以说明该技术综合维度优，如图3－6所示。

表3－6 确定等级

等效维度值	等级
[0.88,1]	9
[0.77,0.88)	8
[0.66,0.77)	7
[0.55,0.66)	6
[0.44,0.55)	5
[0.33,0.44)	4
[0.22,0.33)	3
[0.11,0.22)	2
[0,0.11)	1

6. 武器装备的适用评价思想

对于评价方法，始终存在两种思想：一种是越均衡则评价越高，比如木桶原理就深刻揭示了这一点；一种是特长越明显则评价越高，能量越大，比如对运动员、艺术家的评价。

两种评价思想有各自的侧重和应用领域，如果一个领域可以在有明显短板的情况下不影响核心功能要求，则可以采用特长优先的评价方法；反之，则不可以。对于木桶，如果有短板，则水就会流出，就影响核心功能，因此不能采用特长优先的方法；对于运动员，文化知识得分低并不影响其核心要求，对其的核心要求仅仅是运动成绩突出。

对于装备评价来说，如果好用性低，则操作难度大、作战响应时间长；如果实用性低，则满足作战任务要求的概率减小；如果管用性低，则可能难以满足作战能力要求。总之，缺少其一就难以实现召之即来、来之能战、战之必胜。

可见，这几个方面对装备发展都至关重要，缺一不可，因此特长优先的思想不适合，建议采用均衡评价思想。

7. 方法选择的适用

仔细分析上述结果，并与能量维度方法比较，可以发现一些规律：

1）两种方法的等级差是离散度的函数，离散度越高，则两种方法等级差越大，离散度低，等级差也小，比如 A 类较均衡，两种方法得到的等级为 5、6，相差不大，B、C 类均方差达到 0.3，两种方法的等级为 9、6，相差较大。

2）离散度相似的维度，通过值的总体大小显示差异，比如 B 类数据比 C 类值整体大，二者均方根相似，B 类数据到理想点距离、等效维度值均大一些。

3）等效维度法较好地平抑了高分、高离散现象，比如 B 类数据，能量维度法为 9 级，等效维度将其平抑为 6 级。

4）多维属性得分较低时，两种方法结果相差不大，这是因为离散度的提高或降低作用是比例的增大或减小，是相对值，另外由图 3－5 可知，曲线整体偏左，较小的左曲线空间压缩较大，提高或降低幅度很有限。

5）等级划分方法仅仅为最终评估提供参考。比如 B、C 类数据的等效维度法均得到 6 级，但是得分相差 0.3，同一等级内的差异区分需要最终专家来进行评估。

通过以上分析，等效维度法属于短板决定的方法，能量维度法属于长板决定的方法，对于离散度不高的技术，两种方法相差不大，对于离散度高的技术，等效维度法得到的等级低，能量维度法得到的等级高。等效维度法适用于从预先研究、方案选择到论证、鉴定的各个阶段的各种多属性评价，能量维度法适用于预研阶段的特长技术评价，实战化评价优先使用等效维度法（或等效边长法）。

六、实战化特征

（一）实战化是装备的固有属性

实战化是武器装备与生俱来的属性，是通过设计赋予的。实战化的设计通过深入挖掘内涵、要素、指标，直至判定准则，反过来指导、规范设计，形成一套完整的实战化设计体系，甚至在设计之初就有效落实、及早固化，使装备真正具有实战化的基因，形成装备的固有属性。而未考虑实战化设计的装备在鉴定时实战化设计不足，仅仅通过部队使用使其提升会使得实战化能力表现不稳定，甚至因人而异，出现偶有属性的假象，这都是对实战化属性的认识有偏差。

（二）实战化是系统的整体特性

从定义上看，实战化是武器装备在规定的时间、条件、资源下，完成规定任务的能力，这表现出武器装备完成使命任务的系统整体性；从实战化组成看，实战化包含了好用、实用、管用，每一项都是系统级特性，不能按照系统构成简单分解到单机、元器件；从实战化的解析计算看，实战化类似于人的健康性，而不同于元器件级分解的可靠性，分解之后无法进行实战化映射；从作战角度看，单个武器系统是实现作战使命任务的最小作战单元，难以再分。

（三）实战化是装备的“情商”和“智商”的综合表现

从人的角度看，装备的“智商”代表装备的战技性能，装备的“情商”则是人装的结合，是装备“智商”能否高效发挥、高效展示的关键点，也就是人能否将装备用好，实现人装合一，装备的实战化需要在战技性能有效发挥的基础上，实现人装的高效结合；从对手的角度看，实战化是对抗性的博弈，博弈的过程体现了人的因素，体现了“情商”；对环境的角度看，实战化表现出对实战场景的适应性，这其中既有装备战技性能的实战环境反映，又有人装结合效果的实际反映。

（四）实战化具有对抗博弈的特点

实战化依对手而定，离开对手就成了简单的静态指标可达域范围，无法体现对手应对措施策略的柔性和自身的动态适应性；实战化依体系而定，离开体系就成了单兵对抗，脱离当前体系化作战的实际；实战化依作战运用而定，离开作战应用就成了简单的技术性能考核，无法体现战场环境的模糊性、非线性。

（五）实战化是一种用户体验

一般性产品的用户体验指可用、易用、爱用，对于特殊的武器装备来说，用户体验可以分为管用、好用、实用。装备的可用是指要解决用户的某个实际问题，要管用；装备的易用是让问题变得更容易解决，要好用；装备的爱用是指给用户留下深刻的印象，要实用。同时，用户体验体现的是人装的接触点、界面，当前接触点多而繁杂，重点要素混杂于一般要素之中，这成为用户体验设计的一个切入点。

（六）实战化同样是一种战争体验

从实战化目的来看，武器装备研制生产的唯一目的是用于战争，贴合战争成为装备研制生产的首要要求；从实战化设计着力点来看，战争体验是一种最真实、最严酷、最复杂的体验，糅合了各种环境条件、各种对抗条件，并含有大量的不确定性，是进行实战化设计的最佳着力点；从实战化考核来看，战争是检验武器装备实战化的最终标准，实战化设计需要战争来进行最终检验。

（七）实战化中好用、实用、管用要素的相互关系

好用、实用、管用缺一不可，是实战化的有机组成，既相互支撑又层层递进，管用是目的（战略），实用是手段（战役），好用是基础（战术），好用、实用、管用形成了一体三面，不可分割。

（八）实战化是设计出来的

从作战需求来看，实战化设计的输入是实战化需求，只有通过实战化设计才能满足实战化需求；从实战化设计依据来看，整体上形成了实战化的指标体系，这些指标体系是设计的依据；从实战化设计可用手段来看，实战化包含多层指标模型、准则模型，是可以通过这些模型设计的；从实战化评价计算来看，实战化是通过赋值得到的，这种赋值并非是自上而下的分配，而是自下而上的归纳，体现出实战化是通过底层设计一步步得到的。

（九）实战化是可以度量、检验、评价的

实战化通过自下而上的归纳形成实战化指标体系，这些指标体系包含定性和定量指标，定性指标可以通过领域专家打分的方式进行确定，定量指标可以直接度量，因此实战化是可以度量的；实战化是武器装备的整体特性、系统特性，必须通过系统级、对抗性、动态性、人机交互的试验检验，且必须通过系统级的兵棋推演、系统级的对抗进行验证，而实战条件下的人机交互、动态性试验要覆盖所有的灵活作战使用样式，总的来说实战化是可以检验的；实战化可以通过预计、试验、训练和实战演练四个环节对武器装备进行

评价，因此实战化是可以评价的。

（十）实战化需要过程检验、不断增长

提高实战化的关键在于及早识别、发现和解决影响实战化的因素和问题，越早发现，问题解决得就越彻底，解决的代价就越小，这是实战化的最显著特征之一，依据此特征，进行过程检验，而不是结果检验；检验是一个嵌套的闭环过程，在设计、仿真、部队使用等不同阶段进行嵌套迭代，通过迭代来改进设计、提高实战化能力；有了过程检验、嵌套迭代，实战化可以实现不断增长，而这种增长是全寿命周期的过程。

（十一）落实实战化是一项系统工程

由前文的实战化特征可以发现，武器装备的实战化体现了全过程、全系统、全要素的特点，因此实战化是一个系统工程，具体包含了组织、计划、项目、监控、评审、增长等实战化管理内容，包含了建模、分配、设计、分析等实战化设计与分析内容，包含了筛选、研制增长、鉴定验收、评估等实战化试验与评价内容和实战化使用与增长内容，它是提高武器系统在整个寿命周期内实战化的一门有关设计、分析、试验的系统工程。

（十二）实战化是武器系统装备各种特性的综合

装备以实战化为目的来进行特性筛选，不符合实战化要求的特性可以剔除，因此实战化是武器系统装备各种特性的综合，不仅包括战技性、经济性、通用质量特性，还包括用户体验（目标用户、用户目标、使用场景、产品定位、项目资源等五方面的要素）、战争设计（“5W”，即 who 跟谁打、why 为什么打、where 在哪打、when 什么时候打、what 打什么）等，实战化是这些要素的函数，以夺取作战优势为目标函数。

（十三）满足用户要求与满足用户体验的差异

用户要求不同于用户体验，从用户体验三要素来看，满足用户要求只是满足用户体验的一个方面，对应着可用，还有易用和爱用尚未包括，这是二者的区别之一；用户要求未必是用户体验要求，用户要求可能与用户体验要求相悖，并降低体验性，这需要考虑体验方面的需求进行综合设计，这是二者的区别之二。

七、评价工具

为落实实战化评价方法，提高实战化评价效率，保持实战化评价的完整性，开发了评价工具——基于扩展 Excel 的多要素整合选择式实战化评价平台。该平台基于 Excel 开发工具，嵌入模块化选择程序，按照要素/准则/量化标准三层架构，数百条打分准则可实现随动选择，并且根据前后要素关联情况进行实时调整、修正结果，客观上减少了人为因素，提高了评价效率和准确性。评价工具分析界面如图 3-6 所示。

当评估对象较多时，评价耗时更会大幅缩短，工具体验性、便捷性很好，体现了实战化工具平台的设计思路。

经过实际打分验证，应用该工具之后，相对于传统按项填分的方法，打分耗时可缩短 80%以上，当对某装备较为熟悉时，甚至可实现 1 分钟内打分，效率提高极为明显。

第1级要素	第2级要素	第3级要素	第4级要素	第5级要素	第5级得分	第4级得分
	好用性	易操作	以人力/机械为主	人力多少		
				机械复杂程度		
				操作持久性		
			以电气/自动为主	界面复杂程度		
				操作并行性		
				操控整体性		
			以自主/智能为主	智能高级程度		
				智能整体性		
				智能群体性		
		易打理	以专业打理为主	环境要求		
				人员要求		
				设备要求		
			以日常打理为主	打理项目		
				打理周期		
				打理时间		
		易维修	不可维修			
			可维修	确认故障		
				隔离故障		
				检测和隔离手段		
				分解组合		
				拆卸安装		
				测试复核		
				修复地点		
			免维修			

图 3-6　评价工具分析界面

第四章　好用性的研究

武器装备实战化体系具有多层指标分级分解的特征，对实战化层级的研究解决了实战化需求生成、设计实现与能力评价等问题。好用性是实战化的下一层级，是武器装备的直接体验，其体验对象是操作类用户，设计目标是易用，继续下探到好用性以挖掘其具体特征、具体表现形式、具体研究方法等，好用性研究内容主要包含用户需求、易用性研究等。

一、好用性的概念

好用性是用户对武器装备操作界面有效性以及效率的感知度量，是武器装备易操作、易打理、易维修的程度。好用性是用户对武器装备的直接体验。好用性重点解决武器装备用得好的问题。

有效性保证武器装备是否达到了使用目的，效率则表征使用时所耗费的功大或时间是否过多；感知则强调武器装备必须考虑人装交互界面设计的因人而异性，要考虑具体的用户，如果以设计者、而不是用户的感知来衡量就偏离了方向；人装交互界面则是好用性、用户体验的聚焦点，因为人装交互界面是人与武器装备在物理上的唯一接触点，如图 4－1 所示。

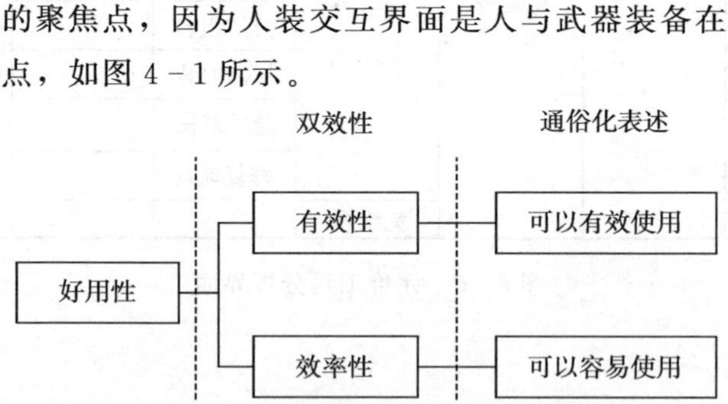

图 4－1　好用性的特性与通俗化度量

随着军事科技的发展，武器装备功能越来越多，系统组成也越来越复杂。如果人装交互界面不能做到有效使用和容易使用，则会增加使用的难度，增大犯错误的几率，增加完成使用的时间和步骤，从而降低用户对武器装备的良好体验，一定程度上抵消了武器装备多样功能的优势。

畅销的苹果手机就充分体现了好用性设计，武器装备设计可充分借鉴：

1）系统流畅、稳定。1G 内存的苹果手机，其流畅程度可以媲美 4G 以上内存的安卓手机，iOS 手机操作系统功不可没；iOS 手机操作系统只为苹果硬件服务，稳定性更好、更易控制；对于开源操作系统，各个厂商可以深度定制，同一款软件可以在 A 品牌手机完美运行，不一定代表可以在 B 品牌手机完美运行。

2）操作简单、直接。iOS 系统已经考虑到大部分用户会在怎样的程度上使用手机软件，然后把繁杂的操作封装交由系统自行解决，用户只需关心直接操作的相关动作；静音开关，无需解屏，直接开或关，简单快捷；苹果的 Lightning 充电接口与正反无关，盲插即可，Micro USB 等接口却需要先分辨正反，无疑增加了使用工作量。而且 iOS 界面设计提示性强，使用户不易犯错，犯错后极易改正，且不会造成后果。

3）安全性相对更好。由于 iOS 的封闭性，恶意软件比较难以入侵。安卓软件市场众多，需要仔细辨识，苹果软件市场只有苹果 App Store，无需货比三家。

4）苹果生态更加良好。就国内而言，一些最新的 App 总是先在苹果手机上应用，然后才开发安卓应用，iOS 生态的 App 质量、可获取性、规范性、安全性是其他生态难以比拟的。此外还有苹果美学的极简、直接、平面设计元素等。

对于武器装备，好用性较少被提及，许多人的看法是战场打仗生死存亡，哪有心思顾及是否好用？是否用得愉悦？这是一种传统、狭隘的武器装备认知，武器装备发展至今，这种认知越来越站不住脚。在液体弹道导弹时代，其燃料就是剧毒和超强腐蚀性的代名词。据俄罗斯《军事史》杂志披露，1960 年 8 月，苏联火箭部队一枚 SS-4 中程液体弹道导弹加注燃料时发生重大事故，大量剧毒且高腐蚀性的燃料喷涌出来，6 名导弹兵当场被溶解，防护服根本不起作用，场景十分惨烈。另有 8 人虽然生存下来，但身体受到严重腐蚀，导致终身残疾。如此设计的武器装备能大量普及吗？能成为主战装备吗？掣肘越多，对资源的消耗越大，这包括人力资源、物力资源、时间资源、空间资源、管理资源等，同时使用的灵活性、拓展性、快捷性越差，实战化也越差。众所周知，液体导弹后来逐渐被固体导弹代替。

二、好用性的分解

好用性可分解为易操作性、易打理性、易维修性三个方面，统称“三易”，为三级要素。易操作性是指人员对武器装备操作便捷的程度，操控性能优良、人力要求低、界面简洁友好、可以智能操作的装备使用性高；易打理性是指装备信息化程度高，对人员、环境、设备要求低，打理项目少、打理周期短、打理时间短；易维修性是指维修过程中对条件的要求低，可快速维修甚至免维修。

易操作性按操作形式可分为人力/机械操作、电气/自动操作、自主/智能操作三类。这三类操作在技术上存在递进关系，操作效率也逐级递增。因此，依据这三类操作在装备中存在的比例，可以得到 6 个排序关系，为 4 级要素。其中，以人力/机械操作为主的情况可以再分解为人力占比、机械复杂程度、操作持久性；以电气/自动操作为主的情况可以再分解为界面复杂程度、操作并行性、操控整体性；以自主/智能操作为主的情况可以再分解为智能高级程度、智能整体性、智能群体性，为 5 级要素。

易打理性按打理形式可分为专业打理、日常打理两类。专业打理对环境、人员、设备要求较严格，难以体现“易”字，因此，逐步增加日常打理将成为装备实战化的发展趋势，也是在装备设计要求中应引导的方向。依据两类打理形式在装备中存在的比例，可以得到 2 个排序关系，为 4 级要素。其中，以专业打理为主的情况可以再分解为环境要求、人员要求、设备要求；以日常打理为主的情况可以再分解为打理项目、打理周期、打理时间，为 5 级要素。

易维修性可进一步分解为不可维修、可维修、免维修，为 4 级要素。不可维修、免维修均不再分解，分别对应最低得分、最高得分。可维修可再分解为确认故障、隔离故障、检测和隔离手段、分解组合、拆卸安装、测试复核、修复地点，为 5 级要素。

易操作性、易打理性、易维修性在 4 级要素的基础上可以进一步分解，构成好用性分解树状图。具体分解情况如图 4－2 所示。

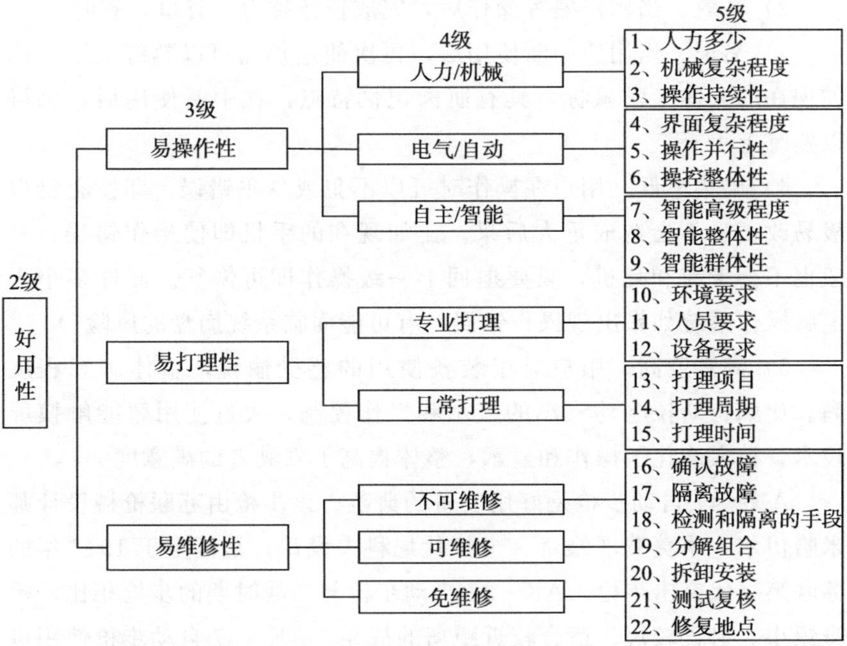

图 4－2　好用性分解

易操作性、易打理性、易维修性就是好用性的需求。

三、好用性的特征

好用性是装备的固有属性，这种属性要通过设计来保证。好用性高的武器装备，一般用户不经培训或经少量的培训即可操作使用。而好用性不高的武器装备，必须依赖于对操作者进行长期严格培养和训练，才有可能达到操作使用的目的。好用性高的武器装备具有以下典型特征：

1）易学。操作更容易上手、更容易掌握。比如现在的触屏手机非常容易上手，一些幼儿、老年人都可以快速自学使用，这在键盘手机时代难以想象。

2）高效。当用户熟练操作后，完成任务省力、省事、省时。

3）易记。当用户中断使用后，再次使用仍然可以熟练上手。比如现在的人体工学鼠标，具有肌肉记忆特点，在中断使用后，仍可以熟练上手。

4）出错率低。用户在操作时可以不犯或少犯错误，即使犯错也极易改正且不会造成重大后果。比如现在的手机即使操作错误，一般也不会卡滞和死机，只要退回上一级操作即可恢复。而许多个人电脑操作系统如果出现操作错误，有可能面临系统崩盘的风险。

5）满意度高。用户对于装备使用的感受愉悦，整体满意程度高。比如特斯拉电动汽车的显示和操作控制，大量使用智能触摸屏技术，极大简化了操作和显示，整体提高了驾驶者的满意度。

AK-47 自动步枪是好用装备的典范。该步枪由苏联枪械设计师米哈伊尔·季莫费耶维奇·卡拉什尼科夫设计，是诞生于 1947 年的苏联第一代突击步枪。AK-47 自动步枪与二战时期的步枪相比，枪身短小、射程较短、适合较近距离的战斗。AK-47 自动步枪使用可靠、结构简单、坚实耐用、物美价廉、威力巨大、使用灵活方便；其设计思路也影响了以色列、芬兰、中国等多个国家步兵轻武器设计，如以色列加利尔突击步枪、中国的 81 式自动步枪、56 式突击步枪。该自动步枪根据导气式自动原理，将活塞和活塞杆固定在一起，但与机枪框并不相连，弹匣容量为10发，导气管位于枪管上方，这种枪采用枪机回转式闭锁，顺时针方向旋转的闭锁机头上有两个大的对称闭锁凸隼。这种旋转机头经过卡拉什尼科夫的改进后比较长，旋转速度更快，大大地增加了闭锁机构动作的可靠性。AK－47自动步枪的各个单项指标并不出类拔萃，但是综合性能很平衡，其结构简单、结实耐用、故障极少、造价低廉、威力巨大。

米哈伊尔·季莫费耶维奇·卡拉什尼科夫之所以能设计出这么优秀的自动步枪，得益于他曾经是军人，知道军人最需要什么样的武器。在设计枪械时，他首先考虑的是枪械结构简单，能在寒冷、炎热、风雨、沙漠甚至水中使用。他认为，对一个枪械设计者来说，最大的悲哀是不被用户接受，因此，设计师首要考虑的是用户。米哈伊尔·季莫费耶维奇·卡拉什尼科夫当初仅仅是想设计一型普通的自动步枪，但是创新而独特的设计使得AK－47自动步枪风靡全世界。

四、好用性的方法

(一) 研究用户需求的方法

1）问卷调研法。为研究工作物色和邀请适当的人，并规划日程的整个过程称为问卷调研法，也叫招募法。它包含三个基本步骤，即确定目标受众、寻找其代表性成员并说服他们参与研究。根据目标受众的访问难度以及研究的地点和时长，招募需要的时间有较大差别。

2）用户访谈法。通过向用户提问，以真正了解用户体验的方法就是用户访谈法。几乎每一个用户体验访谈，不论是面向个人或焦点小组，都有一个相似的内在结构。这是一个沙漏型的结构：从最一般的信息开始，然后慢慢深入到具体的问题，最后回归到较大的观点，并以一个摘要或总结结束。

3）焦点小组法。通过结构化的、专门有人主持的小组讨论，来揭示目标用户的偏好、经历回顾和优先级别。这种方法可以得到用户最看重的功能特征以及为什么看重这些功能特征。作为一个竞争性研究工具，它能揭示用户对竞争产品或服务有哪些优势和不足的看法。

4）现场调查法。通过到装备使用现场进行调查，以定量掌握日常操作行为，并准确确定目标用户群。这是一整套完整、有效且全面的方法，包括开展用户概要研究、用户满意度调查、价值观调查等。

5）用户测试法。该方法帮助用户测试武器装备，通过测试发现问题并改进。在装备研制之前、之中、之后都可以开展测试，通过该方法，可以马上检测用户理解和使用产品的设想是否成立。

6）任务分析法。这是一种仔细分解用户完成任务精确步骤以获取他们行为特点的方法。该方法认为每一个用户与产品的交互行为都发生在执行某一任务的环境中，有时任务非常具体，有时任务比较宽泛。这种任务分解可以通过用户访谈来完成，让用户讲述自己的故事，说出他们的经验；也可以通过现场调研来完成，在用户的日常使用环境中直接研究他们的行为。

在进行用户需求研究时，要注意以下问题：

1）突出核心用户的需求。核心用户关系产品成败，是其发展的支柱。比如乐高（LEGO）早期在儿童市场取得成功，其关键既不是乐高集团享有儿童玩具制造商的传奇美誉，也不是他们精通儿童发展理论，而是乐高直接聚焦在核心用户——儿童身上。武器装备也需要专注于核心用户对象、核心使命任务。

2）关注特殊用户的需求。一些特殊用户可以带来更高利润的产品改进，可以激发更有创意的产品设计。比如乐高公司关注成年人市场，挖掘其需求，从成年人的创造力和热情中获得灵感，找到了新的利润增长点。

3）设计创新不能受缚于看似固化的用户需求。用户需求直接、明了，表面上看这种需求会限制技术的发展，需求以外的技术途径会受到限制，也就是说它会扼杀创造力，实际上这种看法没有意识到设计的多样性。在乐高的案例中，对用户进行深入研究后，乐高用更新的设计来满足用户需求，比如推出新的拼插系列产品和新的数字系列产品，非但没有束缚自己，反而实现了自我重塑。

4）用户需求研究需要尽可能系统化。系统化研究可以挖掘一些意想不到的需求点，并可以将需求落实到设计的底层，比如乐高通过系统化需求研究，改进了吊钩、梯子、巡警用摩托车等产品的设计、包装和生产流程，带来了很大成功。

5）用户需求研究需要贯彻于日常工作流程。用户需求研究无处不在，任何细微的设计都要反复考虑是否满足用户需求，比如乐高并没有派出大量专门的人员外出调研，而是将用户需求研究活动整合到公司的日常业务流程中。

（二）打造易用性的方法

用户体验设计方法可参见前文。

1）三化设计方法。三化即模块化、一体化、通用化，这是装备软硬件易用性设计的集中要求。通过三化设计，可以提高使用的便利性，提高设备更换的便捷性，提高设计的扩展性，为用户体验打下坚实的基础，并逐渐形成装备设计的统一规范、统一标准。

2）原点设计方法。这是一种基于“第一性原理”，通过找到事物的根本，进而开发设计的方法。该方法不断追问事情的真相，然后从中总结原因，并采用非经验性的方法进行分析。如果不能找到原点，就会限于已有坐标轴的约束，限于前人所确定的技术方向，落入类比、借鉴、继承的传统模仿创新模式，甚至抄袭。

3）智能设计方法。这是一种以机器智能取代人体智能，专注于开发更高级机器智能的方法。该方法主要包括一键操作式设计、学习式设计等，一键操作式设计简化用户操作步骤，将复杂的操作通过机器智能来实现；学习式设计则实现了机器的自主学习、自主积累经验。

4）新型交互设计方法。这是一种借助声控、脑控、眼控等感知途径，实现全新人装交互界面的方法。该方法可以极大丰富、简化人机交互的模式，提供更便利的用户体验。

打造易用性的方法还很多，不限于以上几种。

第五章 实用性的研究

实用性是武器装备的深度体验。相对于好用性的直接体验，深度体验具有潜在性、决定性。其体验对象是指挥官类用户，是装备功能的体验者。其设计目标是通用质量特性强、用途广、潜力大。从实用性角度下探，进一步挖掘实用性的具体特征、具体表现形式、具体研究方法等，实用性研究内容主要包含可靠性、维修性等六性的研究，以及通用性、潜力性研究。

一、实用性的概念

实用性是武器装备功能和性价比满足用户使用要求的度量。实用性重点解决武器装备用得起的问题。

功能和性价比不同于界面有效性和效率要求，这种要求更高一层，是指挥官类用户提出的，需要能够达到作战使用的功能要求。此类用户关注武器装备物美价廉、一物多用、经久耐用，如图 5－1 所示。

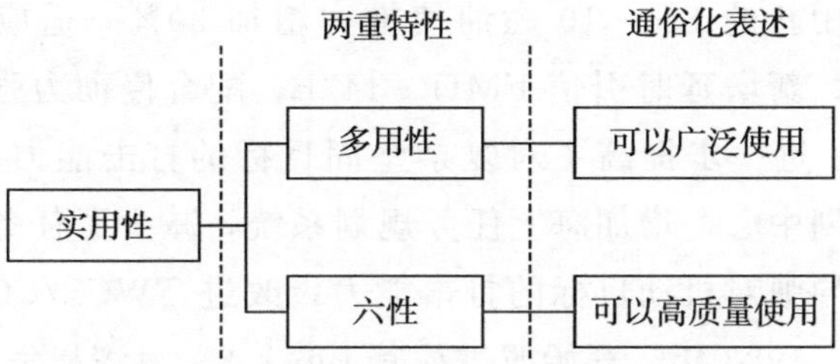

图 5－1 好用性的特性与通俗化度量

战斧系列巡航导弹是可以满足美军高科技局部战争需求的导弹，

其紧密贴合战争的改进发展历程，充分体现了实用性特点。

20 世纪 70 年代，美国研制的各种新一代巡航导弹的最大特点就是，海军和空军同时发展了一系列结构基本相同、采用同样先进技术的高性能巡航导弹，虽然可以满足不同军种的不同需求，但是其得成本高、周期长。在这种情况下，美国国防部通过战斧巡航导弹将海军的海基巡航导弹（SLCM）、空军的空射巡航导弹（ALCM）和陆射巡航导弹（GLCM）以及海空联合开发的中程空面导弹（MRASM）等统一管理、发展，这种统型缩短了研制周期，节省了研制费用，满足了实用性要求。

战斧 Block 2 对 Block 1 进行了改进：为了丰富打击模式、增强毁伤效果，将原常规对陆攻击导弹（TLAM－C）末段攻击弹道由水平方式改为跃升垂直俯冲攻击模式，同时改用程序控制引爆方式；新研的高爆整体式战斗部，丰富了打击目标类别，增强了打击效果；统一了涡扇发动机装备，使其便于系列化发展；为了打击机场目标，新研了可以进行面杀伤的子弹药。这些改进极大提升了战斧巡航导弹的实用性，在 1991 年 1 月的海湾战争中首次参战就大放异彩。

战斧 Block 3 在 Block 2 基础上进行了大幅改进：增装 GPS 修正系统，采用了新型计算机，导引头用 DSMAC 2A 取代 DSMAC，显著提高了打击精度；改用推力更大的 MK111 助推器和改进后的 F107－WR－402 涡扇发动机，耗油率减小 3%，直接提高航程或载荷占比，采用新的 DP－10 燃油使推力增加 20%，适应高原作战，提高机动性；新增延时引信 FMU－14/B，配合侵彻力强的 WDU－36B 战斗部，进一步提高了对复杂坚固目标的打击能力；持续改进战区任务规划中心，增加海上任务规划系统，减少了任务规划时间，提高了巡航导弹对机动目标的打击能力；改进 TWCS/CCS，提高协同作战能力。1988 年，开始改进战斧 Block 3，海湾战争后美国海军修改了改进内容，使其更加适应战场需求。

战斧导弹在历次局部战争中的表现促使美国海军放弃对新一代巡航导弹——远程常规防区外发射武器（LRCSW）系统发展计划的

进一步研究，转而考虑对其进一步的改进，战术战斧 Block 4 于 2003 年开展改进研制工作：新增光电传感器进行损伤评估，使导弹具备“评”的功能，配合加装视频/卫星双向数据链，使导弹可进行飞行中再瞄准、导弹状态汇报、评估信息回传等；具有巡逻待机攻击能力；进一步改进制导系统的精度与抗干扰能力，装备抗干扰 GPS 接收机、惯性导航系统和数字景象匹配区域相关器改进型；进行低成本、战术化改进，大幅减少整体部件和元器件数量，部件由大约11 500 个减少到 7 500 个左右，紧固件由原来的 2 500 个减少到 800 个，线路板由 45 块减少到 22 块，简化燃油系统。这些简化与改进使设备的体积、重量减小，新增的空间可以多装油，这样即使换装低成本、耗油率更高的发动机（F415 - WR - 400）仍可满足射程要求；工程师进行了预筹改进设计，为后续的改进发展提供了极大的便利。这些信息化改进更适应高科技信息化战争的需求，抗干扰改进则是实战对抗的需求，而低成本简化设计将战斧导弹通常二、三百万美元的采购价格降低一半以上，战斧导弹的战术化改进使其更适应现代高科技、高消耗战争的需求，进一步巩固了“外科手术刀”“点穴式打击”“第一波次打击”的美誉。

而作为反面案例，欧洲空中客车公司（简称空客公司）的 A380 客机则可以认为是不实用的飞机。

A380 客机是空客公司研制的超大型四发涡扇宽体客机。该客机于 1994 年年初开始研究，1996 年 3 月空客公司为该项目在内部建立了大飞机分部，同年 4 月开始概念设计，1997 年在法国巴黎航展上展出了机身横截面全尺寸模型，1999 年 12 月 8 日获得空客公司董事会批准，2000 年 12 月 19 日在获得 50 架启动订货后正式启动项目。2004 年 5 月 17 日该机使用的发动机开始在 A340 - 3 试验台上试飞。2004 年 5 月 25 日静力试验机体开始静力试验，2005 年 9 月开始疲劳试验。首架飞行试验机于 2004 年 7 月 7 日开始总装，2005 年 1 月 18 日出厂，同年 4 月 27 日完成首飞。2006 年 1 月在哥伦比亚麦德林市成功进行了高海拔飞行试验。2006 年 2 月在加拿大伊魁特市进行了寒冷环境下的飞行试验，当时，当地气温低至零下 30 摄氏度。从 2005 年下半年起，先后在法兰克福、新加坡、悉尼、墨尔本、吉隆坡以及迪拜进行的机场兼容性测试也都获得了成功。原定 2006 年年初开始交付使用，由于机舱布线等问题导致交付延期，直到 2006 年 12 月 12 日才获得欧洲航空安全局和美国联邦航空局联合颁发的装备合格证，2007 年 10 月 15 日，首架客机交付新加坡航空公司。2009 年 12 月 17 日获得中国民航局颁发的装备许可证。A380 客机是迄今为止世界上最大、最宽敞的客机，采用常规布局，与波音 747 客机等其他大载客量宽体客机的主要区别是采用全长度的双层客舱布局。该机的其他主要特点有：采用先进的层流设计，使机翼阻力减小 10%，发动机短舱阻力和平尾阻力减小 4.7%；配装新型发动机，降低了噪声和排放水平，飞机的噪声设计要求比国际民航组织(ICAO) 的要求低 12EPNdB；采用高压液压系统，提高了操纵效率，同时减小了系统的体积和重量。A380 客机带来的最大冲击就是体积大。机舱分为 3 层，分别是上层舱、主舱和底舱。标准的三级客舱布局为 525 座，其中头等舱 10 座，排距 173 厘米；公务舱 76 座，排距 152 厘米；经济舱 439 座，排距 81 厘米。上层舱的经济舱布局为每排 8 座（2+4+2)，主舱的经济舱布局为每排 10 座（3+4+3)，均设有舱顶行李架。机上可载 1 700 升饮用水，还可选择增至 2 100 升，废水容量为 2 100 升。底舱为货仓，能够运载 38 个 LD3 集装箱或 13 个货盘。机身两侧各有 3 扇上层舱门和 5 扇主舱门。机长 72.8 米，机高 24.1 米，翼展 79.8 米，翼根弦长 17.7 米，机翼面积达到 845 平方米；最大起飞重量 600 吨，最大载重 151 吨；要求起飞机场长3 010 米，降落机场长 2 103 米。作为对比，以常见的波音 737－800 机型为例，该机机长 39.47 米，机高 12.55 米，翼展 35.79 米，翼根弦长 5.71 米，机翼面积 125 平方米；最大起飞重量 79 吨；要求起飞机场长 2 308 米，降落机场长 1 646 米。最大起飞重量相差 7 倍多，机翼面积相差 6 倍多，空中巨无霸 A380 客机带来了前所未有的乘坐体验，但是飞行效费比并不高，在国内仅有寥寥几个超大型机场可以起降此飞机，世界范围内仅有中东国家的航空公司在订购此飞机。对 A380 客机，不仅航空公司觉得不实用，乘客也会因可乘坐机场极少、更长的上下机时间而觉得不实用。

二、实用性的分解

实用性包括高价值性、高皮实性、高承受性等，为 3 级要素。高价值性是指装备使用价值高、用途广泛，可以发挥火力打击、战场感知、目标探测等多种功能，在未知的战场环境中发挥灵活的作用。高皮实性是指装备对战场环境和作战任务适应能力强，可以全天候、全天时作战，能够适应不同气象环境、地理环境、自然环境、电磁环境、对抗环境、目标环境等，任务适应能力强且持久耐用，使用寿命长。高承受性是指装备在研发采购和使用保障等方面效费比高。

高价值性可进一步分解为用途广、潜力大，为 4 级要素。其中，用途广可再分解为军民两用、军种通用、平台通用、一专多用，潜力大可再分解为发展潜力、使用潜力，为 5 级要素。

高皮实性可进一步分解为健壮牢固、经久耐用，为 4 级要素。其中，健壮牢固可再分解为可靠性、健壮性、适应性、兼容性，经久耐用可再分解为寿命、强度（含环境/频次），为 5 级要素。

高承受性可进一步分解为研制采购承受度、使用保障承受度，为 4 级要素。其中，研制采购承受度可再分解为研发承受度、生产承受度，使用保障承受度可再分解为保障程度、保障通用性，为 5 级要素。

高价值性、高皮实性、高承受性在 4 级要素的基础上可以进一步分解下去，构成实用性分解树状图。具体分解情况如图 5 - 2 所示。

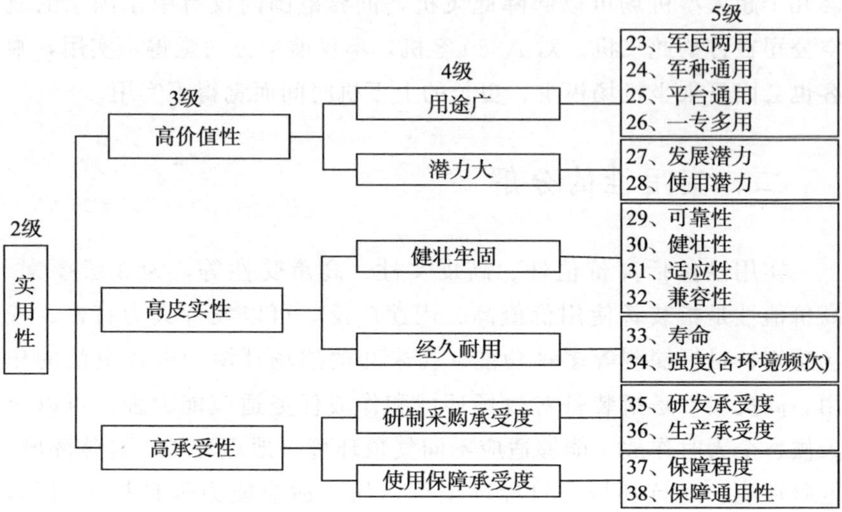

图 5-2　实用性分解

三、实用性的特征

实用性特征包括以下 3 点：

1）物美价廉。武器装备性价比高，采购成本和保障成本低。

2）一物多用。武器装备功能多、用途广，可以满足不同的作战要求，提供多样化的使用样式。

3）经久耐用。武器装备服役期长，服役期内召之即来、来之能战的能力强。

航天飞机用途非常广，但是保障成本过高，并且技术可靠性不高，最后弃用。航天飞机可以称为高价值装备。作为服役达数十年的可重复使用航天飞行器，按照最初的设计要求，每架轨道飞行器可重复使用 100 次，每次最多可将 29.5 吨有效载荷送入 185～1 100 千米的近地轨道，将 14.5 吨的有效载荷带回地面，轨道飞行器可载 3～7 人，能在轨道上停留 7～30 天，用于执行会合、对接、停靠、人员和货物运输、空间试验、卫星发射、检修和回收等任务。航天飞机的用途非常广泛，比如苏联的暴风雪号航天飞机可以执行轨道往返运输任务和低成本拓展太空活动；可以携带重型轨道光电侦察设备，进行太空及地面的高精度侦察；可以搭载 kaskad 导弹武器系统，执行天基拦截任务；可以装载 skif 重型天基军用激光站，进行低轨激光打击；可以借助天基旋转挂架高密度装填自主化战斗攻击模块，进行弹道式或滑翔式天基打击，极短的打击耗时、数千千米的覆盖范围，威慑性极大；可以携带战略战术核导弹，对不同地面目标实施核威慑、核打击；可以进行太空布雷，对敌太空力量阻断、拒止；可以携载轨道高爆云装置，长期完全阻断近地太空；进行导弹、激光等装置的补充装填、加注工质等工作。而借助航天飞机计划，培养大量航天科技人才、航天技术人才储备，更是大幅提高本国在航天领域的技术实力。

航天飞机代表着高价值装备，但是它的皮实程度、使用承受性严重不足。研制初期所提出的研制费用指标、发射成本和研制期限都难以满足要求，美国航天飞机的总成本一度从 52 亿美元（1971 年价）飙升至 101 亿美元（1982 年价），发射成本从 1 050 万美元飙升至 2.4 亿美元，距离低成本、可重复使用的目标越来越远。美国共研制了 6 架航天飞机，5 架曾用于太空飞行，其中 2 架坠毁，在 130 余次太空飞行中，2 次飞行失利，占比达 1.4%。哥伦比亚号 27 次成功太空飞行，第 28 次在返回着陆阶段解体坠毁；挑战者号 9 次成功太空飞行，第 10 次在升空后 73 秒爆炸解体；发现号 39 次成功太空飞行；亚特兰蒂斯号 37 次成功太空飞行；奋进号 25 次成功太空飞行。

X-37B 轨道试验飞行器是实用性较高的一类装备。X-37B 轨道试验飞行器是美军研发的无人空天飞机，可重复使用，执行天地往返、轨道作业等任务。X-37B 轨道试验飞行器具有在轨时间长、变轨能力强、自动再入着陆、低运营成本、二次发射周期短等显著特点，立足推动可重复使用技术、卫星空间控制技术、全球快速打击技术等跨越式发展。为了满足这些实用性要求，X－37B轨道试验飞行器进行了许多针对性设计。该飞行器设计了巨大的太阳能电池板，与高性能锂电池组合，连续使用时间大于6 300小时，平均故障间隔时间（Mean Time Between failures，MTBF）大于10万小时，平均10余次在轨任务才可能发生一次问题，确保高可靠性。X－37B轨道试验飞行器属于无人飞行器，更多空间用于装载任务载荷，且地面控制人员也大幅减少，二次发射的周期不大于半个月，大大降低人力、物力成本。X－37B轨道试验飞行器进行了大量的轻型结构和系统设计，着陆质量达到发射质量的2/3，载荷能力极高，可实施更多的空间任务。X－37B轨道试验飞行器进行了单容错设计，攻角测量误差小于1度，动压测量误差不大于5%，风速测量误差不大于2%等等，以此辅助控制系统实现在31.5千米/小时（5级风）的侧风条件下着陆，以适应更多的非理想环境。可重复使用技术是未来发展的关键技术之一。从20世纪80年代的国家空天飞机计划到单级入轨的X－33“冒险星”验证机，都因技术难度太大和经费难以为继而落空。X－37B轨道试验飞行器采用两级入轨方式，减小了技术风险，已成功完成了发射、在轨、再入、返回任务。X－37B轨道试验飞行器作为轨道空间实验室，可在轨投放军用卫星，并进行卫星有效载荷的在轨技术测试。携载的机械臂可以进行空间操作，将卫星有效载荷回收并带回地面进行技术分析，减小任务风险。X－37B轨道试验飞行器作为低轨飞行器，可根据作战指令快速再入大气层或在轨直接投放武器，进行快速打击，威慑性极大。X－37B轨道试验飞行器功能极多，除了固有的有效载荷，该飞行器还可再装载200余千克的载荷，可以装载多种对地侦察传感器，包括雷达、红外、可见光、电子情报等类型，其灵活的轨道机动能力更有利于覆盖复杂的目标区域。可利用载荷空间释放小卫星，执行特殊任务。可执行轨道维修任务，利用机动能力与故障卫星交会，对其进行维修或燃料补充等作业。可进行反卫星作战任务，利用自身的机动能力对对方卫星进行捕获/回收，且不会出现其他反卫作战带来的空间碎片问题。

四、实用性的方法

采用前文提出的系统工程设计方法和用户体验设计方法。

第六章　管用性的研究

管用性集中反映了武器装备的对抗能力，其体验对象是决策类用户，其设计目标是完成作战使命。从管用性角度下探，进一步挖掘管用性的具体特征、表现形式、研究方法等，管用性研究内容主要是对抗性的研究，离开对抗性则管用性便无从谈起。

一、管用性的概念

管用性是武器装备能力满足用户使用要求的度量。管用性重点解决武器装备用得对的问题。

能力不同于界面有效性、效率的要求，也不同于功能和性价比，这种要求更高一层，是决策类用户提出的，需要能够完成作战使用任务。此类用户关注武器装备战略层面的管用性，关注其战之必胜的能力。管用性需要在竞争性、对抗性条件下体现，而不是理想的静态、非对抗或简化对抗条件下的体现，如图 6－1 所示。

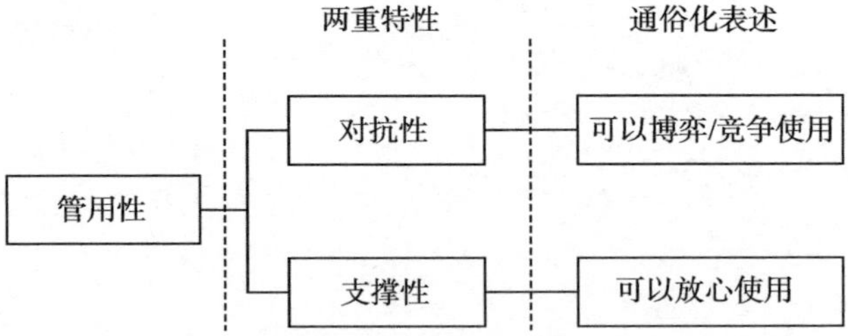

图 6－1　管用性的特性与通俗化度量

预警机在现代空战中发挥了指挥中枢、信息中枢的作用，是管用性装备的典范。空中作战时，借助预警机，可以发现数百千米以外的目标，2011 年 3 月 24 日，一架美军 E－3D 预警机发现了一架执行任务完毕而在返航途中的利比亚空军 G－2 海鸥教练/攻击机，随即引导法国空军的阵风 C 战斗机前往追击至机场上空，发射阿斯姆空地导弹将已在跑道上滑行的 G－2 海鸥教练/攻击机摧毁。预警机在现代战争，尤其是现代空战中的作用非常重要，从上述例子可见一斑，这种高空千里眼能够取得信息获取的不对称优势，实现对相对弱势国家的碾压式打击。预警能力优势国视预警机为核心装备，预警能力弱势国视其为眼中钉，围绕预警机的博弈与对抗持续不断，而预警机表现出来的这种优势就是管用性的体现。

重型直升机装备同样是管用性较好的装备，比如高机动、高火力的 UH－60、CH－47、米-26 重型直升机。在陆军战场上，能够垂直起降、空中悬停，载重量又极大的重型直升机是一种可将大规模兵力快速部署与突然性完美结合的高效装备，能够将士兵和重型装备整建制地运送到其他运输方式难以到达的地方，从而大幅提升军队的作战能力，属于高机动力、高火力的装备。UH－60、CH－47、米-26 重型直升机是其中的典型代表。美国陆军第 101 空中突击师是美国陆军唯一主要依靠直升机进行空中机动作战的快速反应部队，具有快速的空中机动能力和强大的火力和突击力，能够远距离超越地形、障碍，对敌实施突然打击。这支部队体现了美国陆军将空中机动与打击一体化的作战思想和发展方向。第 101 空中突击师建制内有超过 220 架 UH－60 和 CH－47 直升机用于执行运输任务，若按 80％的出动率计算，可一次出动超过 170 架，空中机动 4 个空中突击步兵营或 1 000 吨作战物资，其中火炮、弹药等作战物资基本由 CH－47 直升机完成运输，机动速度可达 200 千米/小时，即便在掠地高度（7～30 米）飞行，也可达 150 千米/小时，为坦克和机械化部队机动速度的 3～4 倍，具有很强的立体机动能力，尤其适合担任垂直包围和垂直迂回的任务，该师完成战术合围的能力比地面快 7～9 倍。在海湾战争中，第 101 空中突击师先后两次应用 UH－60 和CH－47 直升机组成的运输机队突击作战，不仅完成了军事史上距离最远的纵深空中突击，还争取了作战主动权，一举奠定了联军在地面战斗中的胜局。除了在前方冲锋陷阵，CH-47直升机还承担了大部分后勤辎重运输工作，仅在地面战斗打响的第一天，CH-47直升机机队就将50辆运输车、大批榴弹炮、大量燃料运抵刚刚建立的前线阵地，同时还与UH-60直升机一道运送了约2 000名士兵。在车臣战争中，米-26重型直升机频繁出动，经常在战场上做超低空飞行，还在夜间进行兵力投送、装备运输和各种保障。从1999年9月23日到2000年3月31日，米-26直升机平均日飞行时间达到了6小时，为俄军作战运输了大批装备物资，快速机降了大量兵力。在抢救迫降直升机中，米-26直升机更是大显神威，将无法在原地修复的直升机吊挂起来，迅速空运到后方保障基地修理，使受损直升机的修复时间大大缩短。由此可见，在现代信息化作战条件下，重型直升机是陆军实施自部署、完成战场立体投送力量的中坚，也是满足作战力量大规模、重载、快速、远程投送需求的关键装备，能够成倍地提升陆军快速响应和突击作战能力。

俄罗斯的苏-35BM三代半战斗机在抗衡隐身四代机方面发挥着管用性作用。在空战领域，“先发现、先发射”是制胜的关键，长久以来各国都致力于增大雷达、导弹、自我识别系统的操作距离，以期在远距离击败对手。但是雷达、导弹技术相差不大，这种发展途径带来的优势并不明显，而四代机带来的隐身技术则大大拉大了探测距离的差距。苏-35BM三代半战斗机跳脱了隐身约束，战斗力获得了极大提升，生存能力则借助于独特的体系优势得以保证。俄罗斯设计苏-35系列飞机已经跳出F-22战机发展所设定的框架，能以不对称的技术达到在技术性能上与美军先进隐身战机平起平坐的地位，而这些不对称技术的复杂程度、成本则远低于美军战机。4架苏-35BM三代半战斗机能通过数据链构建2 500～3 000千米的防御带，如此宽范围的感知能力大于任何预警机，加上其高机动性，生存性优于预警机。在战术运用上可放于前线作为主要感知节点，将获取的信息传给空战指挥能力较强的预警机。该空中预警与指挥控制体系（预警机与苏-35集群）的探测范围大增大、生存能力大大提升。配合KS-172超远程空空导弹，苏-35BM三代半战斗机对于传统战机相当于高机动的空中堡垒，大范围自主防空网，预警机则不必提高探测精度，仅需拥有宽带通信能力、运算能力以处理大量空战信息即可，从而将更多资源用于处理更多交战目标。预警机可以采用精度不高的长波雷达，从而加强对隐身目标、低空遮蔽目标的探测能力，加强防空能力。

俄罗斯基于战斗机构建的宽域防空网对于反隐身目标同样作用显著。苏-35BM三代半战斗机对高隐身目标的探测距离不大于90千米。苏-35BM三代半战斗机具有多样性的探测系统：除了X波段的Irbis-E前视雷达以及雷达预警接收器等传统设备外，还有OLS-35光电探测仪、分布式光电侦测系统，甚至AFAR-L主动L波段相控阵雷达，并可通过数据链从友军处获取战场信息。探测系统的多样性让战机的探测与火控能力极难被摧毁。面对日新月异的隐身技术发展，传统X波段雷达作战效能大幅下降，其他波段的雷达就显得格外重要。X波段以外的探测系统在火控操作上缺点较多，需要与其他设备配合使用。苏-35BM三代半战斗机机电复合扫描设计使得战机可以在±120度范围内对RCS 0.01 m^2目标具备主动预警能力。战机的±120度超大范围实时探测能力可确保近战时对周围战情的掌握，以及远程空战时置敌于被动。Irbis-E雷达对导弹的探测能力远大于被动式预警器如红外线预警装置，达一般系统的2～5倍，甚至逼近一般中程空空导弹的最大射程，且掌握的威胁数据较红外传感器更多（方位、距离、速度），战机有更多机会反制来袭导弹。对于接近最大射程的导弹，仅需改变航向即可逃离，同时保持对战场的感知；对于处于有效射程与不可逃逸区射程的导弹，需要以最大可用过载机动逃离，此时可能失去对战场感知的合适占位；如果处于不可逃逸区，则只能采取干扰、硬杀伤等措施。比如，当苏-35BM战机发现遭导弹攻击时，可以尽快让自已处于可做180度大过载逃逸的状态，而后以轻微改变航向、主动干扰等措施反制，必要时可以短程导弹拦截来袭导弹，这种低强度逃逸措施可以保持对目标区的威胁。苏- 35 战机在与隐身战机（比如 F－22 战斗机）对抗时，F－22 战斗机具有先视、先射的优势，AIM－120 空空导弹对战机有效射程为 50～60 千米，通过战机预先爬升、加速，增加射程后也不会超过 100 千米，与苏- 35BM 三代半战斗机预警距离大致相当，因此在有效射程外对苏- 35BM 三代半战斗机发射 AIM－120 空空导弹将很快被发现并被轻易反制，浪费宝贵的空战资源。这样以来，F－22 战斗机为了抗衡苏- 35BM 三代半战斗机，必须在更近的距离发射 AIM－120 空空导弹，甚至进入不可逃逸区或苏- 35BM 三代半战斗机的后半球以大幅增大杀伤概率。这样，在近战环境下，F－22 战斗机被雷达及光电系统发现的概率越来越高，F－22 战斗机的武器系统在面对配备 R－77 与 R－73 的俄系战机时射程、射角劣势明显，隐身的压倒性优势不再。面对新发展的 AIM－120D 等空空导弹，不可逃逸区大幅增加，甚至达到现役中程导弹的 2 倍以上，苏- 35BM 三代半战斗机理论上无法纯以战术机动反制，但是其远距离、大范围预警能力仍具备多次反制机会，仍具有较高的反制成功率。OLS－35 光电雷达对隐身战机的探测距离可达 40 千米，一旦红外探测仪捕获目标，理论上能以射程足够的导弹进行不测距火控(因为探测距离小于有效射程甚至不可逃逸射程)，或为导弹进行中段导引，增加在 30～40 千米对隐身战机进行攻击的可行性。AFAR－L 主动相控阵雷达敌我识别操作距离大约为 400 千米，两套此系统可构成±100 度的视野。L 波段雷达波长约为 X 波段的 10 倍，具备抗隐身战机的探测效果，较 X 波段雷达更早发现隐身战机。对于 X 波段雷达无法探测到的隐身目标，AFAR－L 雷达可为 OLS－35 光电探测仪探测到的目标进行测距，从而得到精确的火控数据，并用来发射武器，或提高中制导精度。AFAR－L 雷达对 RCS 为 1 m^2 以下目标的探测距离大约在 50 千米，与此同时隐身飞机对 L 波段的 RCS 也在此量级，因此 AFAR－L 雷达在中程导弹射程外即可发现隐身战机。总之，苏- 35BM 三代半战斗机发现隐身战机的手段主要有：以 OLS－35 光电探测仪取得精确方位，借用 X 波段雷达。这种颠覆常规的设计，将获得以弱搏强的制衡性。

二、管用性的分解

管用性包括强作战能力、强不对称性、强自主可控等，为 3 级要素。强作战能力是指装备能够有效突破敌方防御系统，精确打击、毁伤预定目标的概率，包括突防能力、高精度打击能力、毁伤能力等。强不对称性是指通过某项或多项技术的发挥，使得装备可以在作战中发挥不对称优势，使得我方可以看得见、打得着，而敌方却看不到、打不着，未战即可降敌，以四两拨千斤。强自主可控是指装备设计、生产、保障的自主能力和对国外资源的依赖程度。

强作战能力可进一步分解为机动力、火力、保障力、信息力、防护力，为 4 级要素。其中，机动力可再分解为机动性、投送比冲、机动域，火力可再分解为打击范围、打击目标、毁伤能力、密度，保障力可再分解为贮存、运输、供应、管理、修理，信息力可再分解为感知、处理、传输，防护力可再分解为隐蔽性、抗毁性、软防护、硬防护，为 5 级要素。

强不对称性可进一步分解为手段不对称、力量不对称、空间不对称，为 4 级要素。其中，手段不对称可再分解为有无、强弱，力量不对称可再分解为代差、量差，空间不对称可再分解为域差，为 5 级要素。

强自主可控可进一步分解为自主性、可控性，为 4 级要素。其中，自主性可再分解为设计自主、生产自主、保障自主，可控性可再分解为质量可控、成本可控、渠道可控，为 5 级要素。

强作战能力、强不对称性、强自主可控在 4 级要素的基础上可以进一步分解下去，构成管用性分解树状图，如图 6－2 所示。

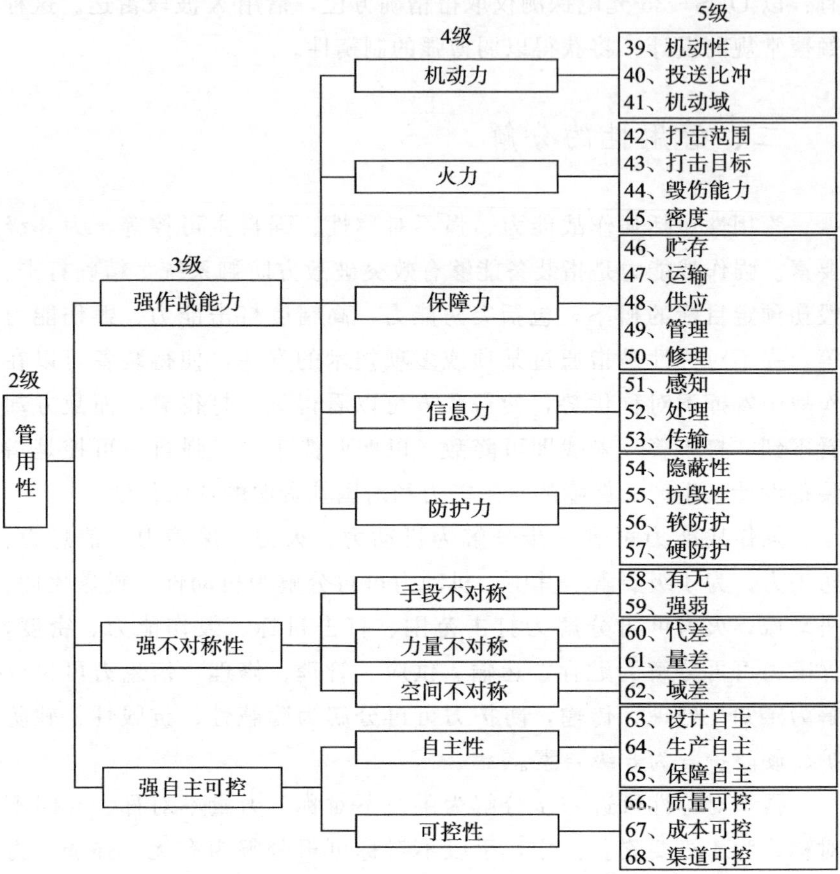

图 6－2　管用性分解

三、管用性的特征

管用性具有系统性特征。管用性作为武器装备满足战略使用意图的一种度量，是各个要素综合的产物，包括各种战技指标、通用质量特性、易操作、对抗性、不对称性等，缺一不可，并且需要各个要素匹配、互相促进，从而使其具有系统性特征。

管用性要具有对抗之外的作战效果。武器装备不是为了对抗而对抗，而是为了取得作战效果，对抗之后虽获胜但装备所剩无几，这不是作战的目的，武器装备要对抗之后取得作战效果。

管用性具有相对性特征。在对抗条件下，对手可能有许多，武器装备难以抗衡所有类型的对手，就好比雷达导引头的空空导弹对机动性极好的战斗机可能作战效果不如红外导引头的空空导弹，这种相对性是必然的。

管用性具有动态性特征。武器装备的管用性不是一成不变的，它随外部环境的变化而变化，当前对某些场景、某些作战任务管用，在一段时间之后，可能被敌方针对性地抵消了，就不管用了。

管用性具有复杂性特征。武器装备管用性受各种因素制约、影响，表现出复杂的特性。

四、管用性的方法

（一）战争设计法

从设计未来战争的原点出发，紧扣以体系对抗为主要特征的战争形态，开展武器装备需求生成研究。明确涉及对抗体系的武器装备战略层、战役层、战术层、装备层的作战需求要素；运用分级、分类的方法，构建系统化和实战化的武器装备指标体系，提出基于战争设计的武器装备需求生成的新概念、新方法，增强武器装备发展的科学性、针对性、前瞻性，促进武器装备体系整体能力的提升。

（二）技术颠覆法

科技发展速度越来越快，对武器装备的作用也越来越重要，研究人员正在加速推动军事革命和武器装备发展，并将会显著影响、颠覆未来战争形态以及武器装备的战术运用。一是非对称战略制衡技术影响未来战争形态，并从战略层面影响未来作战。二是新概念、新兴领域技术推动作战体系与样式变化，将在战役、战术层面深刻影响作战形态。三是技术交叉融合促进武器装备作战特性的变化，将在作战部署、作战样式等装备运用层面产生变革影响。

（三）研究对手法

作战对手是指对己方构成军事威胁的国家、联盟或军事集团，及其可利用的作战资源的总称。作战对手按照对手定位、对手战争运用能力、对手装备能力三方面分解，包括对手性质、战争能力、兵力形态。对手性质包括敌方联盟形态、威胁程度、地缘历史；战争能力包括实战经验、训练水平、装备体系、战场资源；兵力形态包括对手的兵力规模、兵力编成、兵力部署。

通过对作战对手的定位、能力、装备等方面的战略研究，明确我方将要应对的对手作战体系，进而选取作战体系中应对能力不足的威胁或新型威胁作为主要作战对象，这就明确了作战需求战役层研究的内容。通过由面至点、由顶至底的研究过程，将作战目标始终置于作战对手、作战体系中进行研究，将孤立静态研究转化为联合动态研究。

对手的作战体系是指由相互关联、相互作用的武器装备系统及作战保障系统所构成的武器系统上一级的有机装备体系，以及为达成作战使命的武器装备体系综合运用。作战体系按照组成要素，包括体系使命、体系构成、体系运用。体系使命包括作战装备体系的定位、地位、任务、作用；体系构成包括武器装备体系的武器装备系统、作战保障系统；体系运用包括体系配系、体系对抗等。

作战目标是指己方武器装备执行作战任务时所要打击的目标，及其特性、运用的统称。作战目标按照组成要素，包括结构特性、毁伤特性、运动特性、散射特性、辐射特性、运用特性。运用特性又包括对抗方式、编队形态等。

（四）技战结合法

武器装备管用性是设计出来的，是装备的固有属性。从这个意义上讲，技术对武器装备管用性起主导作用。

武器装备管用性也是使用出来的，是用户对装备固有属性的有效发挥。从这个意义上讲，战术运用对武器装备管用性也发挥着重要作用。

实战条件下的管用性是技术管用性和战术管用性的有机结合。因此，在高度重视技术管用性实现的同时，还要因地制宜、因敌制宜，扬长避短、克敌制胜。

第七章　美俄弹道导弹实战化分析

为了验证武器装备实战化分析、设计、评价方法的正确性、有效性和可操作性，以外军三个典型型号的弹道导弹为对象，开展相关分析评价工作。由于三型导弹均为在役和在研，不能直接从需求和设计的角度进行分析，只能对其实战性进行初步评价。通过对实战性的评价和分析，从某种程度可以映射出美俄在确定弹道导弹作战需求和进行弹道导弹设计当中的一些思想、观念和方法。对美俄弹道导弹实战性的分析研究，不仅可以验证武器装备实战化分析方法的合理性，而且对于我们提高武器装备实战化水平具有重要的借鉴意义。

一、装备的选择

（一）装备选择的原则

1. *需要有基本型装备和改进型装备*

基本型装备一般是一代装备的原型，它体现了发展原型装备的需求设计思想和实战能力，代表了当时的科技水平和对战争的理解认识。对基本型装备进行实战化分析，可以解读出更多有意义的因素。改进型装备一般是在基本型基础上进行适应性改进得到的装备。这种改进往往是针对经过实战和实际应用暴露的问题，特别是对实战化问题进行针对性改进，目的是极大地提升实战能力。

纵观世界弹道导弹研制、发展和使用的历史，除了二战期间德国的V-2导弹外，在实战中发挥作用最多的当属苏联/俄罗斯的飞毛腿导弹。飞毛腿导弹分为A、B、C、D四型，其中A型为基本型，服役时间较短，且年代久远；B型在A型基础上进行了改进；C

型为战斗部减重的射程增加版；D型为增加了末制导的精度试验弹。飞毛腿B型是应用最广泛的型号，在两伊战争、海湾战争中扮演了重要角色。因此可以将飞毛腿B型选择为此次装备的基本型。

美国现役主要的战术弹道导弹当属陆军战术导弹系统（Army Tactical Missile System，简称ATACMS），这是一种超声速远程战术导弹系统，可从陆军多管火箭系统中发射，目前已研制出多种型号。根据不同类型的战斗部，ATACMS可分为第一阶段Block I和第二阶段Block II。Block II加装改良型导弹制导系统，此系统融合了GPS，精度得到很大提高，是ATACMS的典型代表。因此可将ATACMS Block II选择为此次装备选择的改进型。

2. 需要有跨代的基本型装备

跨代装备是领先一代的装备，代表未来武器、技术的发展方向。跨代装备在许多方面得到了跨跃式提升，关键技术组成一般也具有颠覆性要素，可极大提升实战能力，代表未来一段时间对实战化的理解。对跨代型号进行实战化分析，具有牵引性意义。

俄罗斯最新型战术弹道导弹的代表为伊斯坎德尔导弹。苏联解体后，俄罗斯受到美国和北约的打压，安全形式日益恶化，在此背景下，伊斯坎德尔导弹应运而生。伊斯坎德尔导弹吸收了俄罗斯在战役战术弹道导弹系统领域积累的丰富经验和最新设计成果，是弹道导弹发展的下一代，可以选为此次装备的跨代型。

3. 选择的装备基本上得到过实战检验

不同于样机试验、仿真试验，实战是作战全要素的检验，动态对抗的全过程是其他试验、演习难以比拟的，纸上谈兵的完美装备在实际战场不堪一击的例子不胜枚举。

解决经历过实战检验装备暴露出的问题，最终形成契合实战的设计，而实战化理论是针对实际战场环境的分析、评价理论。选择经历过实战检验的装备，而不是实战成熟度不高的装备，这样，更有利于验证实战化方法。

4. 由于型号系列化断层可以选取近似型号

在美俄弹道导弹发展历程中，由于一些原因出现了型号断层，飞毛腿B型导弹的改进型蜘蛛、圣甲虫导弹未得到实战使用就根据《中导条约》被完全销毁，选取这些型号难以达到实战化评价、分析的目的，因此可以选取近似替代型号ATACMS，作为此次装备选择的改进型。

伊斯坎德尔导弹在战技性能上全面优于美国的ATACMS，可以作为此次装备选择的跨代型号。

5. 对所选装备实战化评价的标准选择

一是通过长期跟踪和分析国外该系列导弹研发、改进、作战运用的情况，结合自己的分析和判断给出评估值；二是借鉴国外的军内外部门对该系列导弹在作战运用中给出的实际评价；三是通过对引进装备的实际运用和消化吸收再创新。

（二）选择装备的基本情况

1. 飞毛腿B型导弹基本情况

(1) 有关背景

飞毛腿导弹是单级液体弹道导弹。A型最初由苏联第一设计局负责研制，1953年2月转交给第385设计局完成定型、批生产和改进工作。B型为使用最广泛的型号；C型为战斗部减重的射程增加版；D型为增加了末制导的精度试验弹。据统计，在已经装备弹道导弹的35个国家中，有21个国家配备飞毛腿弹道导弹。但是，使飞毛腿弹道导弹出名的更重要原因，则是在1991年的海湾战争期间，新闻媒体大量报道伊拉克用改进的飞毛腿弹道导弹攻击沙特阿拉伯和以色列等国，美国用改进的爱国者导弹却无法成功拦截，世界各国的普通老百姓第一次通过电视看见了这些导弹的实战对抗场面，从此飞毛腿导弹成为家喻户晓、妇孺皆知的导弹。

（2）主要性能

射程：300 千米；

弹长：11.25 米；

弹径：880 毫米；

起飞质量：5.86 吨；

弹头质量：989 千克；

命中精度：900 米；

发射方式：车载地面机动发射；

制导方式：惯性制导。

（3）作战流程

飞毛腿导弹主要用于打击敌方机场、导弹发射场、指挥通讯中心、交通枢纽、兵力集结地、仓库等重要目标。导弹通常配属集团军和方面军的战役战术导弹旅。导弹可从预先测定发射点位置的阵地发射，也可从未经事先测定的阵地发射，但作战反应时间更长。导弹武器系统采取分级战备的方法，可根据形式需要使整个武器系统处于不同等级的战备状态。飞毛腿 B 型导弹按照预定的上升段进行程序飞行，不具有末段修正能力，故精度较低。

导弹作战流程主要包括射前准备、发射、主动段、中段和末段攻击等 5 个相互关联的阶段。在射前准备阶段，导弹发射平台根据战区任务规划中心提出的任务要求，进入指定发射位置，处于作战戒备状态；操作手接通指控通道，将导弹待攻击目标的位置、特征和其他与导弹飞行有关的量输入弹上计算机；将导弹调整至待发射状态，完成发射前的各种检测程序；射手按下发射按钮后，助推器点火，导弹飞离发射箱；主动段执行预定的程序指令，发动机关机后进入中段制导，再入大气层后进入到末段攻击阶段。对于飞毛腿 B 型导弹，仅仅在主动段有控。

（4）主要特点

飞毛腿导弹的主要优点有：结构简单，造价较低，机动性较强，易于部署（便于被导弹车运输，这样的机动性使发射位置机动可选，也增加了武器系统的生存机会)，反应时间较快，射程较远。主要缺点有：结构不够紧密，容易在飞行途中解体，打击精度不高。

2. ATACMS 基本情况

(1) 有关背景

ATACMS 是一种近程地地战术弹道导弹，由美国陆军负责整个研制计划，主承包商是 LTV 公司。1991 年开始装备美国陆军，是 20 世纪末和 21 世纪初的重要陆军武器系统。它具有多种终点效应、较高的命中精度、灵活的战场机动性和良好的生存能力，因而也是 21 世纪北约多国部队及其他国家和地区陆军武器的重要装备。

(2) 主要性能

射程：165 千米（ATACMS 1）、140 千米（ATACMS 2）；

弹长：3.96 米（ATACMS 1）、3.96 米（ATACMS 2）；

弹径：610 毫米（ATACMS 1）、610 毫米（ATACMS 2）；

起飞质量：1.53～1.67 吨（ATACMS 1）、1.48 吨（ATACMS 2）；

弹头质量：450 千克（ATACMS 1）、268 千克（ATACMS 2）；

命中精度：30 米（ATACMS 1）、10 米（ATACMS 2）；

发射方式：车载地面机动发射（ATACMS 1）、车载地面机动发射（ATACMS 2）；

制导方式：惯性制导系统（ATACMS 1）、惯性制导系统＋GPS 系统（ATACMS 2）。

(3) 作战流程

从作战理论看，在未来作战中，ATACMS 将主要由美国陆军所属的大战区集中掌握使用，参加由美国陆军所属的大战区组织的首次密集火力突击和后续密集火力突击。首次密集火力突击应对敌战役布势全纵深实施，应消灭并压制敌导弹兵集团和航空兵集团编成内的主要目标，以便彻底削弱这些集团；为保持火力主动权，应及时实施后续密集火力突击，以防被毁之敌恢复战斗力；下属集团军以部分火力毁伤兵器和无线电电子器材以参加大战区的首次密集火力突击，以便削弱敌人为破坏下属集团军进攻而实施的高精度武器和航空兵的密集突击。在特殊情况下，也可以导弹旅、导弹营为单位配属给主要方向下属集团军或支援其作战。配属的导弹部队归所配属的下属集团军指挥员指挥，并通过在下属集团军级指挥所的导弹部队指挥员向部队下达指令；支援导弹部队在执行其所支援的下属集团军指挥员给予的任务过程中，仍由上级导弹部队指挥员指挥。

（4）主要特点

美国 ATACMS 属第四代战术弹道导弹，也是其目前装备的唯一一种战术弹道导弹，主要用于攻击敌战役纵深第二梯队的装甲集群、后勤补给运输线、弹药库、导弹阵地、炮兵阵地、指挥通信中心、交通枢纽、机场、桥梁、港口等目标。ATACMS 在设计时就具有可靠性高、生存能力强、机动性能好、作战使用灵活等优点，并在海湾战争和伊拉克战争中取得了很好的实战效果。

3. *伊斯坎德尔导弹基本情况*

（1）有关背景

伊斯坎德尔导弹是 21 世纪初期俄罗斯陆军的主要导弹装备，20 世纪 90 年代初由俄罗斯科洛纳姆（KBM）机械制造设计局以 SS－23 蜘蛛战役战术导弹系统为基础研制。导弹发射装置由位于伏尔加格勒的巨人中央设计局研制，自动制导系统由莫斯科中央自动化和液压系统研究所研制。伊斯坎德尔导弹吸收了俄罗斯在战役战术导弹系统领域积累的丰富经验和最新的设计成果，是新一代陆基战术弹道导弹系统。

（2）主要性能

射程：50～280 千米；

弹长：7.3 米；

弹径：920 毫米；

起飞质量：3.8 吨；

弹头质量：480 千克

命中精度：5 米；

发射方式：车载地面机动发射；

制导方式：自主惯性制导＋光学导引头。

(3) 作战流程

伊斯坎德尔导弹可以从多管火箭发射系统系列发射装置发射，作战流程与ATACMS基本相同。

(4) 主要特点

命中精度高：伊斯坎德尔导弹采用惯性制导＋卫星导航（GPS/GLONASS）＋景象匹配制导等多种制导方式。单独采用惯性制导时，导弹在280千米射程上的命中精度CEP约为30米；采用惯性＋景象匹配制导时，命中精度CEP理论上小于2米。

毁伤能力强：俄罗斯军方称，伊斯坎德尔导弹可携带集束子母弹（装填54枚子弹）、高爆弹、侵彻子母弹、钻地弹、空气燃烧弹和电磁脉冲弹等多种类型的战斗部，可对不同类型目标实施有效打击。俄罗斯军方还称，使用伊斯坎德尔导弹突击敌防空连、反导连发射阵地、机场、指挥机构等典型目标，通常只需1～2枚。

突防性能好：伊斯坎德尔导弹除使用特殊复合材料外，在结构上也极为独特。其外形近似锥体，且起飞后迅速抛掉表面突出部分，使弹体更加浑圆，从而减小了导弹的雷达波反射面积，增加了雷达的探测难度；其次，导弹在飞行过程中多次做偏离发射平面的机动，并且这种机动在发射区和目标区上空尤为剧烈，机动时导弹承受的过载高达20～30g，故而要对其实施拦截，拦截弹承受的过载必须达到来袭导弹的2～3倍，这在当前情况下是难以实现的；此外，伊斯坎德尔导弹武器系统既能发射弹道导弹，又能发射巡航导弹，可使敌方导弹防御系统顾此失彼，减小拦截概率。其研制单位KBM称，伊斯坎德尔导弹是美国爱国者导弹的克星；俄军方表示，伊斯坎德尔导弹的突防能力可与白杨-M弹道导弹媲美，能穿透当今世界上任何一个导弹防御系统；以色列军方也承认，其与美国共同研制的箭式反导系统不具备对付多弹头伊斯坎德尔导弹的能力。

环境适应性强：伊斯坎德尔导弹武器系统可在±50 ℃范围内使用；且在除沼泽地和流沙地以外的任何平地上都可实施发射；其光学导引头（末端景象匹配制导）在夜暗、有强烈电磁干扰等环境条件下仍能稳定工作，将导弹准确地导向目标；此外，该型导弹服役时间为10年，在野外条件下使用可连续3年不需进行大的保养。

反应速度快：伊斯坎德尔导弹武器系统可直接通过空间、空中、地面侦察平台获取目标信息，并可在10秒钟时间内完成弹着点确定、导弹飞行参数计算、光学导引头参考用地形、地物信息准备等实施导弹突击必需的工作内容。据报道，一部伊斯坎德尔导弹发射车载2枚导弹，战场上，伊斯坎德尔导弹不需要侦察卫星或航空兵。它可从目标实地照片和战地侦察兵那里接收目标指令，随后启动发射装置，发射第一枚导弹，相隔不到一分钟再发射第二枚。其发射车可随机选择发射地点并自主确定所在位置的大地坐标，战斗中只需3人便可完成发射操作。从展开设备到发射仅需4分钟，即使在刚转移阵地解除行军状态后，也可在6分钟内发射导弹。

二、三型装备实战性计算

针对选择的弹道导弹型号，依据实战化分析评价的理论、准则，邀请国内同类型号的研制方、国内主管主用型号的军方，以技术骨干作为参评专家，对3个型号的实战化进行评价和分析。

在正式评价前，对评价理论、方法、准则进行培训、试打分，并进行指导和改进。

通过一轮打分，针对打分样本进行统计取均值，得到最终统计结果，见表7-1～表7-4。

表 7-1　好用性评价结果统计

型号	易操作性	易打理性	易维修性	好用性
飞毛腿 B 型	0.50	1.00	0.64	0.69
ATACMS	0.93	1.00	0.66	0.85
伊斯坎德尔	0.77	1.00	0.64	0.79
弹种均值	0.73	1.00	0.65	0.78

表 7-2　实用性评价结果统计

型号	高价值性		高皮实性		高承受性		实用性
	用途广	潜力大	健壮牢固	经久耐用	研制采购承受度	使用保障承受度	
飞毛腿 B 型	0.60		0.36		0.56		0.49
	0.52	0.69	0.37	0.35	0.89	0.35	
ATACMS	0.68		0.71		0.64		0.68
	0.77	0.60	0.64	0.77	0.69	0.60	
伊斯坎德尔	0.77		0.73		0.62		0.70
	0.77	0.77	0.68	0.77	0.63	0.60	
弹种均值	0.68		0.60		0.61		0.62
	0.69	0.68	0.56	0.63	4.64	0.51	

表 7-3　管用性评价结果统计

型号	强作战能力					强不对称性			强自主可控		管用性
	机动力	火力	保障力	信息力	防护力	手段不对称	力量不对称	空间不对称	自主性	可控性	
飞毛腿 B 型	0.42					0.54			0.92		0.60
	0.66	0.60	0.55	0.2	0.31	0.35	0.77	0.60	0.84	1.00	
ATACMS	0.72					0.66			0.93		0.76
	0.73	0.83	0.69	0.71	0.64	0.60	0.60	0.80	1.00	0.86	
伊斯坎德尔	0.9					0.92			0.85		0.89
	1.00	1.00	0.83	0.84	0.83	0.77	1.00	1.00	1.00	0.73	

续表

型号	强作战能力					强不对称性			强自主可控		管用性
	机动力	火力	保障力	信息力	防护力	手段不对称	力量不对称	空间不对称	自主性	可控性	
弹种均值	0.68					0.71			0.9		0.75
	0.80	0.81	0.69	0.58	0.59	0.57	0.79	0.8	0.95	0.86	

表 7-4　实战性评价结果

型号	好用性			实用性			管用性			实战性
	易操作性	易打理性	易维修性	高价值性	高皮实性	高承受性	强作战能力	强不对称性	强自主可控	
飞毛腿 B 型	0.69			0.49			0.60			0.59
	0.5	1.00	0.64	0.60	0.36	0.56	0.42	0.54	0.92	
ATACMS	0.85			0.68			0.76			0.76
	0.93	1.00	0.66	0.68	0.71	0.64	0.72	0.66	0.93	
伊斯坎德尔	0.79			0.70			0.89			0.79
	0.77	1.00	0.64	0.77	0.73	0.62	0.90	0.92	0.85	
弹种均值	0.78			0.62			0.75			0.71
	0.73	1.00	0.65	0.69	0.60	0.61	0.68	0.71	0.90	

三、案例的分析

针对本次案例分析，各个参评专家对各自数据进行了横向、纵向和整体分析。这里对整体数据进行分析，以期得到更为普遍的规律和启示。

（一）横向分析

横向看表 7-4 或图 7-1 和图 7-2，可以发现各型号的易打理性、强自主可控普遍较高，平均分分别为 1.0 与 0.90，为良实战性；

高承受性普遍较低，平均分为 0.61，实战性差。实战性评估结果普遍呈现以下规律：一是型号的高承受性普遍偏低；二是大部分型号易操作性相对较低；三是大部分型号易打理性较高；四是新型号的弹道导弹高皮实性较高。

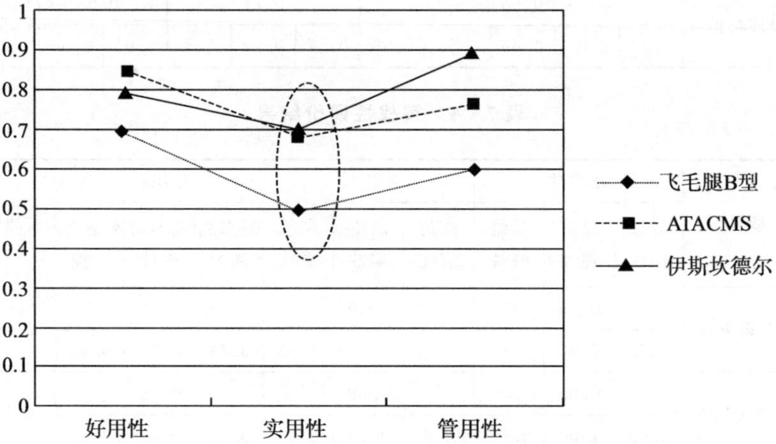

图 7-1　各弹道导弹第 2 级要素得分情况

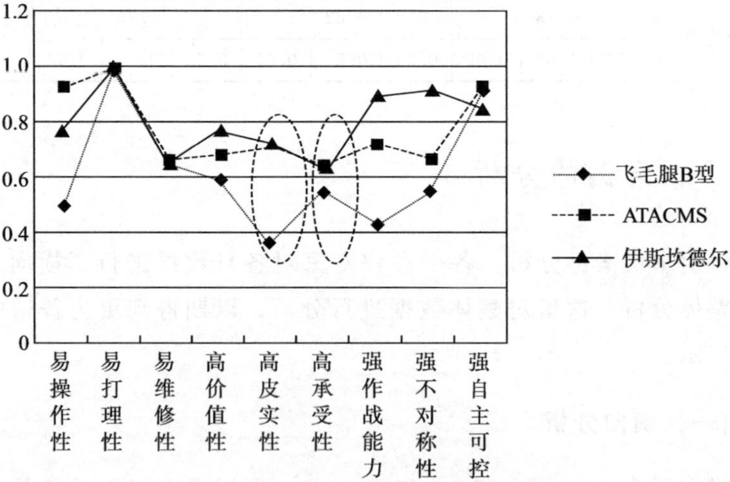

图 7-2　各弹道导弹第 3 级要素得分情况

1. 实用性得分普遍偏低

从图7-1可以看出，这些型号的实用性普遍偏低，平均分值为0.62，为及格线上下，是弹道导弹型号的普遍短板。

实用性由高价值性、高皮实性、高承受性三部分组成，从图中可以看出，主要是高承受性与高皮实性造成了实用性的偏低，平均分仅为0.61与0.60，拉低了高价值性的0.68。而其中高皮实性平均得分偏低的主要原因是由于飞毛腿B型导弹的高皮实性得分很低，仅为0.36，而新型的ATACMS与伊斯坎德尔导弹的皮实性得分较高，为0.71与0.73，故可认为是技术更替造成的差别。三型弹道导弹的高承受性普遍偏低，这反映了装备研发成本、采购使用成本较高的问题，只有大力开展低成本装备设计、低成本装备使用维护设计工作才能提升高承受性，进而提升实用性、实战性。

2. 实用性的高承受性得分普遍偏低

从图7-2可以看出，三型弹道导弹的高承受性普遍偏低，分别为0.56、0.64、0.62。高承受性由研制采购承受度、使用保障承受度两部分组成，为4级要素。其中，研制采购承受度可再分解为研发承受度、生产承受度，使用保障承受度可再分解为保障程度、保障通用性，为5级要素。从数据统计来看，飞毛腿B型导弹得分较低的主要原因为保障程度得分低，仅为0.2，而其研发与生产承受度均在一个很高的水平上，分别为0.8、1.0；而ATACMS得分低的原因在于其生产承受度较低，仅为0.6；伊斯坎德尔导弹得分较低的原因在于其研发承受度低，仅为0.4。当年大量出口飞毛腿B型导弹，很多国家装备了飞毛腿B型导弹后无法进行自主保障，故其保障程度得分低；ATACMS在生产上无法运用现有生产线进行生产，需要进行相应改造；而伊斯坎德尔导弹在研发时因为之前已有技术积累但因中导条约的签订被销毁，存在研发上的困难，故其研发承受度得分较低。

3. 实用性的高皮实性得分部分较低

从图 7-2 可以看出，飞毛腿 B 型导弹的高皮实性较低，拉低了整个弹道导弹的高皮实性得分。高皮实性可以分为健壮牢固、经久耐用两项，为 3 级要素，飞毛腿这两项的得分分别为 0.35、0.37。其中健壮牢固可分为可靠性、健壮性、适应性、兼容性，飞毛腿导弹的健壮性和适应性得分均较低，主要原因为其结构不够紧密，容易在飞行过程中解体。而经久耐用由寿命与强度两个部分组成，飞毛腿导弹的经久耐用得分较低，原因与其采用的是液体发动机而不是固体发动机不无关系。而在飞毛腿 B 型表现不佳的几个要素上 ATACMS 与伊斯坎德尔均有较大提升，故其高皮实性评分也提升较大，这反映出导弹设计与工业生产的显著进步。

4. 各典型装备均具有较高的高价值性

高价值性是体现武器装备性能的基础评价指标，三型武器的得分均为 0.60 以上，表明该三型装备都具有可观的使用价值，能够在各军种、各使用场景下发挥应有的作用。

5. 各型装备的好用性普遍高于实用性

好用性体现于操作、打理、维修方面的友好程度，以上三型装备作为外军战术弹道导弹中的代表，得到广泛应用和关注的原因即在于此。其好用性的优势，使得其便于装备技术基础不同的国家，尤其是飞毛腿 B 型导弹，在世界范围内得到广泛的装备和应用。

6. 强自主可控是三型装备的共同特点

武器装备的自主可控反映使用国家或地区在战争中的自主能力。首先，三型装备的研制国家美国、苏联/俄罗斯均具备完备的工业体系和军工技术基础，能够自主研发、保障、生产武器装备，可以在战争中达到不受制于人的状态；其次，从三型装备在非研制国家的应用而言，各引进方也十分重视武器装备生产线的建立甚至研发能力的培养，以飞毛腿 B 型导弹为例，伊拉克、伊朗、朝鲜等国均建立了导弹装备生产线并具备一定的零部件保障能力，甚至是改进研仿能力。

（二）纵向分析

从各项评价指标的装备间比较结果来看，呈现以下规律。

1. 导弹装备的实战性各项指标随着研制年代呈递增趋势

飞毛腿B型、ATACMS和伊斯坎德尔导弹分别是在20世纪下半叶先后研制的战术战役导弹武器。从好用性角度，其评分分别为0.69、0.85、0.79；从管用性角度，其评分分别为0.60、0.76、0.89；从实用性角度，其评分分别为0.49、0.68、0.70。可以看出，除在好用性方面ATACMS高于伊斯坎德尔导弹外，在其他维度，各项指标均随研制年代呈递增趋势。这反映了技术进步带来的整体趋势，同时在整体趋势中存在个别例外。仔细分析伊斯坎德尔导弹和ATACMS的实用性指标，可知ATACMS的易操作性较高，这体现了美军对易操作性的特别关注。

2. 管用性增长速度快于实用性和好用性

管用性评分从飞毛腿B型导弹的0.60增加到伊斯坎德尔的0.89，这是各项评价中增长最快的，其次是实用性，而好用性则增加较慢。一方面，体现了弹道导弹武器装备的战技战术性能随时间的增加是十分显著的；另一方面，也体现了在弹道导弹武器装备领域，依然是战技指标的倾向强于操作、维护性的态势，这是由于弹道导弹长期以来都是作为非通用装备研制、保障和使用的，因此在好用性尤其是易维修性方面还有一定的增长空间。

（三）整体分析

从整体来看，通过对三型弹道导弹装备进行实战性评价，反映出美国、苏联/俄罗斯的不同发展思路。

美军ATACMS的三项实战化评价指标中，好用性最高。深入分析其装备特点，其在研制初即强调发射装置通用化、灵活配置使用，这是其好用性评价较高的根源。这体现了美国对军事武器装备体系能力、通用性、使用性的重视。而俄军则更为重视导弹装备的战技指标，甚至非对称能力，也就是实用性和管用性，具体而言就是高价值性、强作战能力、强不对称性。

四、案例的启示

从国外三型典型弹道导弹的分析、评价可看出，先进技术固然可提高实战化能力，有利于增强战役战术效果，但是武器装备实战化是一个综合结果，需要考虑更多的因素。三型装备评价结果对我国发展具有借鉴意义。

（一）观念方面

好用性、实用性和管用性作为表征导弹武器实战化的综合评价标准，不可偏废其一，对单一性能的追求如果没有其他性能的配合，就无法发挥出应有的效果。在弹道导弹发展过程中，实战化各要素要协调发展。伊斯坎德尔导弹较好的管用性需要较高保障要求和较低承受度，也就是说有待信息保障能力的提高。前面三型导弹保障力都偏低，这反映出弹道导弹设计中的观念问题。近几年在弹道导弹发展过程中，各个国家都将导弹的射程看作第一发展要求，而忽视了导弹系统配套设施的发展。弹道导弹发展应根据作战实际要求，对导弹系统配套设施进行技术改进，增加导弹系统配套设施。弹道导弹只有多个要素均衡、互促、协调发展，其实战化能力才能大幅提升。

（二）导向方面

飞毛腿导弹闻名于世界，其中原因包括实战应用较广、发射数量非常多。美国 ATACMS 也发展出多系列装备，并持续升级改进。

从实战化角度，这两型导弹通用化、标准化、系列化运用比较成功。弹道导弹在装备发展体系的各个环节中，要加强实战化设计与评估的政策导向力度，建立导弹通用化、系列化设计思想。设备设计需从使用者实际能力出发，采用多条技术路径，将成本纳入装备顶层设计。

（三）选择方面

作为维护国家安全与利益的重要支柱，弹道导弹未来将继续受到各国的高度重视。在均衡实战化各要素基础上，持续提升其强作战能力。在技术手段上应进一步提升精确制导能力、突防能力与生存能力、自动化能力以及对复杂电磁环境的适应能力。弹道导弹将向着信息一体化、目标全域化、响应快速化、打击精确化的方向不断发展以适应未来战争模式的变革。

第八章　美国巡航导弹实战化分析

为了验证武器装备实战化分析、设计、评价方法的正确性、有效性和可操作性，以美国三个典型的巡航导弹为对象，开展相关分析评价工作。由于三型导弹均为在役和在研，不能直接从需求和设计的角度进行分析，只能对其实战性进行试评价。通过对实战性的评价和分析，从某种程度可以映射出美军在确定巡航导弹作战需求和进行巡航导弹设计当中的一些思想、观念和方法。对美军巡航导弹实战性的分析解读，不仅可以验证武器装备实战化分析方法的合理性，而且对于我们提高武器装备实战化水平具有重要的借鉴意义。

一、装备的选择

（一）装备选择的原则

1. *需要有基本型装备和改进型装备*

基本型装备一般是一代装备的原型，它体现了发展原型装备的需求设计思想和实战能力，代表了当时的科技水平和对战争的理解认识。对基本型装备进行实战化分析，可以解读出更多有意义的因素。改进型装备一般是指在基本型基础上进行适应性改进得到的装备。这种改进往往是针对经过实战和实际应用暴露的问题，特别是实战化问题进行针对性改进，目的是极大地提升实战能力。

从美国巡航导弹的发展历史来看，战斧 Block 3 巡航导弹是经历海湾战争之后，在 Block 1、Block 2 导弹基础上改进完成的。这种类型的导弹自伊拉克战争开始大规模使用。为解决成本高、作战准备时间长的问题，美军在 Block 3 导弹基础上发展了战术战斧巡航导弹。从 Block 3 导弹和战术战斧巡航导弹之间的研承关系考虑，我们将战斧 Block 3 导弹作为基本型，将战术战斧作为改进型。这样选择，对美军战斧巡航导弹的实战化分析评估具有一定的客观性和合理性。

2. 需要有跨代的基本型装备

跨代装备是领先一代的装备，代表未来武器、未来技术的发展方向。跨代装备在许多方面得到了跨域式提升，关键技术组成一般也具有颠覆性要素，可极大提升实战能力，代表未来一段时间对实战化的理解。对跨代装备进行实战化分析，具有牵引性意义。

LRASM 导弹是基于美国空军 AGM - 158 导弹发展而来的，代号为 AGM - 158C，但是从智能作战能力、智能打击技术来讲，具备颠覆一代的特征，此装备可跨海空平台发射，可以认为是美军巡航导弹发展的下一代，可以选为跨代型。

3. 选择的装备基本上得到过实战检验

不同于样机试验、仿真试验，实战是作战全要素的检验，动态对抗的全过程是其他试验、演习难以比拟的，纸上谈兵的完美装备在实际战场不堪一击的例子不胜枚举。

解决经历过实战检验装备暴露出的问题，最终形成契合实战的设计，而实战化理论是针对实际战场环境的分析、评价理论，选择得到过实战检验的装备，而不是实战成熟度不高的装备，这样，更有利于验证实战化方法。

4. 对所选装备实战化评价的标准选择

一是通过长期跟踪和分析国外该系列导弹研发、改进、作战运用的情况，结合自己的分析和判断给出评估值；二是借鉴国外的军内外部门对该系列导弹在作战运用中给出的实际评价；三是通过对引进装备的实际运用和消化吸收再创新。

(二) 选择装备的基本情况

1. 战斧 Block 3 导弹基本情况

(1) 有关背景

战斧 Block 3 导弹为一种对陆攻击武器，改进计划从 1988 年 12 月开始。麦道公司（现为波音公司）和通用动力公司均与海军签订了改进合同。原计划到 1992 年要为海军提供 278 枚新研制的 Block 3 导弹。1991 年，在海湾战争期间 BGM－109C/D 导弹虽然取得了令世人瞩目的战果，但也暴露出许多缺点和不足。据此，海军修改了 Block 3 导弹改进计划，除了继续生产新研制的 Block 3 导弹外，还要求将库存的 1 400 枚 Block 2 导弹全部改装成 Block 3 导弹。1994 年海军一反过去由两家公司分摊承包的传统做法，选定休斯公司（现为雷锡恩公司）为唯一承包商，要求其从 1993 年 3 月起至 1997 年独家生产新研制的 Block 3 导弹和改装库存的 Block 2 导弹共计 1 700 枚，合同总费用为 12 亿美元。首批改装的 Block 3 已于 1993 年年初装备海军。

(2) 主要性能

弹长：5.55 米（无助推器）、6.25 米（有助推器）；

弹径：517 毫米；

质量：1 204.54 千克（无助推器）、1 454.55 千克（有助推器）；

翼展：2.65 米；

速度：马赫数为 0.72；

巡航高度：10～250 米；

射程：1 111～1 667 千米；

命中精度：10 米。

(3) 作战流程

导弹作战流程主要包括射前准备、发射、巡航和末段攻击 4 个相互关联的阶段。在射前准备阶段，导弹发射平台根据战区任务规划中心提出的任务要求，进入指定发射位置，处于作战戒备状态；

操作手接通指控通道，将导弹待攻击目标的位置、特征和飞行路线数据库输入弹上计算机；将导弹调整至待发射状态，完成发射前的各种检测程序；射手按下发射按钮，助推器点火，导弹飞离发射箱；爬至最大高度后，在高度表和舵机控制机构控制下，下滑至巡航高度，导弹随之转入巡航状态；在巡航状态，导弹按计算机预编程序完成在预定航线上的各种任务动作；最后在距目标 11～13 千米处进入末段攻击；这时导弹通过末制导系统修正航向和位置，保证最终命中目标。

（4）主要特点

为提高导弹命中精度、突防能力和目标识别能力，增加射程，缩短任务规划时间，改善与飞机的协同作战能力，Block 3 导弹采用的技术主要特点有：1）增装 GPS 修正系统，采用新型计算机，导引头用 DSMAC 2A 取代 DSMAC；2）改用推力更大的 MK111 助推器和改进后的 F-107-WR-402 涡扇发动机，燃料消耗减少 3%，采用新型 JP-10 燃油，推力增加 2%；3）改用装有延迟引信、贯穿力更强的 WDU-36B 战斗部，引信为 FMU-14/B；4）改进战区任务规划中心，增加海上任务规划系统；5）改进 TWCS/CCS，提高协同作战能力；6）具有两个核心存储器，每个为 64 kbit，并具有一个 256 kbit 的固态存储器；7）缩短任务规划时间。

（5）参战情况

战斧 Block 3 导弹从 1995 年 9 月 10 日开始实战使用，参加的战争包括 1995 年 9 月 10 日打击南斯拉夫联盟防空基地，1996 年 9 月 3 至 4 日打击伊拉克指挥中心，1998 年 8 月 20 日打击阿富汗塔利班营地、苏丹喀士穆化学工厂，1998 年 12 月 16 日至 20 日伊拉克沙漠战场的行动，1999 年 3 月 24 日至 6 月 9 日的科索沃战争，2002 年 10 月 7 日至 31 日的阿富汗战争，2003 年 3 月 19 日至 4 月 5 日的伊拉克战争等，总使用量在千枚以上。

2. 战术战斧导弹基本情况

(1) 有关背景

由于海湾战争期间战斧导弹取得战果，以及在原先拟用于取代战斧导弹的先进涡扇发动机巡航导弹计划项目被撤销后，促使美国海军放弃了对新一代巡航导弹——远程常规防区外发射武器（LRCSW）系统发展计划的进一步研究，转而考虑对战斧导弹的进一步发展与改进。1993 年，提出了发展战斧多任务导弹（TMMM）Block 4 的初步计划设想，后来则以战斧基线改进计划（TBLIP）的形式立项研究。这是一项着眼于 21 世纪的精确打击的战略和战术常规武器一体化发展计划。TMMM 不仅能承担现役战斧常规对陆攻击导弹（TLAM－C）BGM－109C/D 和战斧反舰导弹（TASM）BGM－109B/E 的作战任务，而且将扩展成一个包括战斧反潜导弹、战斧无人驾驶飞行器等新的导弹装备，可从海陆空多种发射平台发射的智能化精确打击武器系列。1994 年 9 月，美国国防部宣布休斯公司（现为雷锡恩公司）为 Block 4 导弹的唯一承包商，合同总经费为 4 亿美元，其中工程制造和开发费为 2.26 亿美元。

(2) 主要性能

弹长：5.5 米（无助推器）、6.25 米（有助推器）；

弹径：517 毫米；

质量：1 204.54 千克（无助推器）、1 454.55 千克（有助推器）；

翼展：2.65 米；

速度：马赫数为 0.82；

巡航高度：10～250 米；

射程：1 111～1 667 千米；

命中精度：7.62 米。

(3) 作战流程

战术战斧导弹作战流程与战斧 Block 3 导弹基本相同，在飞行过程中可以巡逻飞行、目标重瞄、毁伤评估等。

(4) 主要特点

战斧 Block 4（也称为战术战斧）导弹以常规对陆攻击战斧导弹为基础改进而来，采用技术的主要特点有：1）采用简化的燃油系统和低成本发动机（F415 - WR - 400）以及火箭助推器；2）采用光电传感器进行损伤评估；3）装备抗干扰 GPS 接收机、惯性导航系统和数字景象匹配区域相关器改进型（DSMAC 2A）；4）加装视频/卫星双向数据链，使导弹可进行飞行中再瞄准、导弹状态汇报等；5）具有巡逻待机攻击能力；6）改进武器控制系统；7）采用多种可互换战斗部；8）减少导弹整体部件和元器件的数量，其中，部件数量从 11 500 个减少到 7 500 个，紧固件数量由原来的 2 500 个减少到 800 个，线路板数量由 45 块减少到 22 块。

(5) 参战情况

战术战斧导弹于 2004 年服役，当时主要是小批量装备。以后，逐渐作为主战装备参战。

3. LRASM 导弹基本情况

(1) 有关背景

LRASM 即 Long Rang Anti - Ship Missile，是远程反舰导弹的缩写。该导弹是美国海军与国防部高级研究计划局（DARPA）研发的新一代反舰巡航导弹，旨在研发新一代高性能反舰导弹，为美国海军提供可进行远程目标打击的先进反水面作战能力，可在网络信息切断条件下进行大面积目标搜索和识别，突破敌方先进防御系统。

(2) 主要性能

外形特征：与联合防区外空面导弹（JASSM）相似；

射程：不小于 900 千米；

飞行速度：马赫数 0.7～0.9；

隐身性能：不高于 0.01 平方米；

制导技术：多模导引头；

推进装置：涡喷/涡扇发动机；

战斗部：454 千克爆破侵彻战斗部。

(3) 作战流程

LRASM 导弹作战流程部分与战斧 Block 3 导弹、战术战斧导弹相同，但是由于其更强的自主规划、自主决策打击能力，作战流程更为灵活，可根据威胁、目标速度而实时调整、变化。

(4) 主要特点

LRASM 导弹可以根据目标区态势级信息自搜索、自识别，并可感应对方雷达威胁范围，然后绕飞，在打击末段具有更智能、更多传感器数据融合的自动目标识别能力，在线任务规划能力更强。

(5) 参战情况

LRASM 导弹尚未参战，但是按照美军公布的情况，该导弹将小批量生产并服役。

二、三型装备实战性计算

针对选择的巡航导弹装备，依据实战化分析评价的理论、准则，邀请国内同类装备的研制方、国内主管主用装备的军方，以技术骨干的身份作为参评专家，对 3 个装备的实战性进行了评价和分析。

在正式评价前，对评价理论、方法、准则进行培训、试打分，并进行指导和改进。通过一轮打分，针对这些打分样本进行统计取均值，得到最终统计结果，如图 8－1、图 8－2、表 8－1～表 8－4 所示。

表 8－1 好用性评价结果统计

装备	易操作性	易打理性	易维修性	好用性
战斧 Block 3	0.47	0.36	0.64	0.48
战术战斧	0.67	0.86	0.58	0.69
LRASM	0.79	0.92	0.61	0.76
弹种均值	0.64	0.71	0.61	0.64

表 8-2　实用性评价结果统计

装备	高价值性		高皮实性		高承受性		实用性
	用途广	潜力大	健壮牢固	经久耐用	研制采购承受度	使用保障承受度	
战斧 Block 3	0.78		0.88		0.64		0.76
	0.88	0.69	1.00	0.77	0.69	0.60	
战术战斧	0.83		0.83		0.68		0.78
	0.77	0.89	0.88	0.77	0.77	0.60	
LRASM	1.00		1.00		0.54		0.82
	1.00	1.00	1.00	1.00	0.49	0.60	
弹种均值	0.87		0.90		0.62		0.79
	0.88	0.86	0.96	0.85	0.65	0.60	

表 8-3　管用性评价结果统计

装备	强作战能力					强不对称性			强自主可控		管用性
	机动力	火力	保障力	信息力	防护力	手段不对称	力量不对称	空间不对称	自主性	可控性	
战斧 Block 3	0.60					1.00			1.00		0.84
	1.00	0.83	0.44	0.60	0.35	1.00	1.00	1.00	1.00	1.00	
战术战斧	0.66					0.72			1.00		0.78
	1.00	0.95	0.54	0.71	0.35	0.60	0.77	0.80	1.00	1.00	
LRASM	0.74					0.93			1.00		0.88
	1.00	0.77	0.66	0.84	0.52	1.00	1.00	0.80	1.00	1.00	
弹种均值	0.67					0.88			1.00		0.83
	1.00	0.85	0.55	0.72	0.41	0.87	0.92	0.87	1.00	1.00	

表 8-4 实战性评价结果

装备	好用性			实用性			管用性			实战性
	易操作性	易打理性	易维修性	高价值性	高皮实性	高承受性	强作战能力	强不对称性	强自主可控	
战斧 Block 3	0.48			0.76			0.84			0.67
	0.47	0.36	0.64	0.78	0.88	0.64	0.60	1.00	1.00	
战术战斧	0.69			0.78			0.78			0.75
	0.67	0.86	0.58	0.83	0.83	0.68	0.66	0.72	1.00	
LRASM	0.76			0.82			0.88			0.82
	0.79	0.92	0.61	1.00	1.00	0.54	0.74	0.93	1.00	
弹种均值	0.64			0.79			0.83			0.75
	0.64	0.71	0.61	0.87	0.90	0.62	0.67	0.88	1.00	

三、案例的分析

针对本次案例分析，各个参评专家对各自数据进行了横向、纵向和整体分析。这里对整体数据进行分析，以期得到更为普遍性的规律和启示。

（一）横向分析

横向看图 8-1、图 8-2、表 8-1～表 8-4，可以发现各装备的高价值性、高皮实性、强不对称性、强自主可控普遍较高，平均分分别为 0.87、0.90、0.88、1，为强实战性或良实战性；易维修性、高承受性普遍较低，平均分分别为 0.61、0.62，实战性不等。

实战性评估结果普遍呈现以下规律：一是装备的高承受性普遍偏低；二是大部分装备易操作性相对较低；三是新发展的装备实战性较均衡。

1. 好用性得分普遍偏低

从图 8-2 可以看出，这些装备的好用性普遍偏低，平均分值为 0.64，是美国该类导弹的普遍短板。

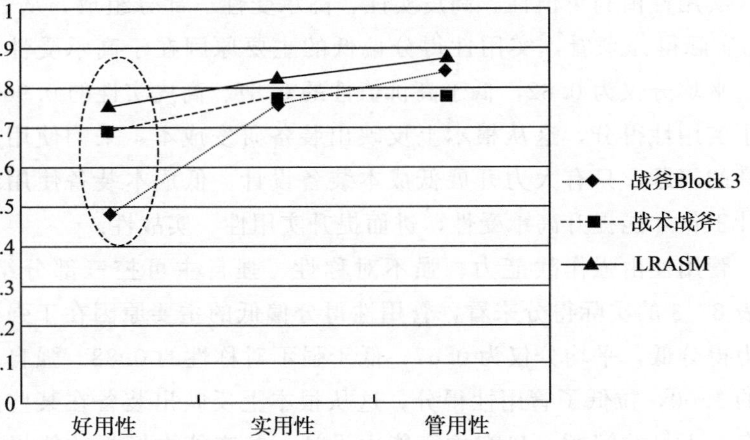

图 8-1　各巡航导弹 3 个第 2 级要素得分

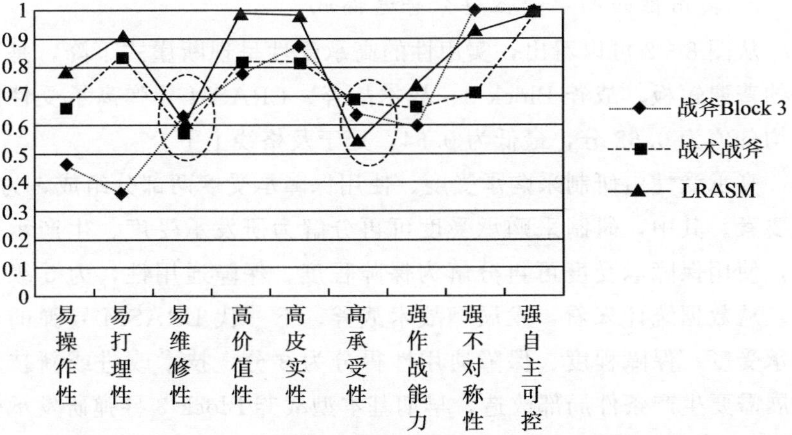

图 8-2　各巡航导弹 9 个第 3 级要素得分

好用性由易操作性、易打理性、易维修性三部分组成，从表 8-1 的实际得分来看，好用性得分偏低的主要原因在于易操作性、易维修性得分低，平均分仅为 0.64、0.61，低于易打理性的 0.71，拉低了好用性得分，这从根本上反映出装备操作性设计不足、维修性设计不足的问题。

实用性由高价值性、高皮实性、高承受性三部分组成，从表 8-2 的实际得分来看，实用性得分偏低的主要原因在于高承受性得分低，平均分仅为 0.62，低于高价值性的 0.87、高皮实性的 0.90，拉低了实用性得分，这从根本上反映出装备研发成本、采购使用成本较高的问题，只有大力开展低成本装备设计、低成本装备使用维护设计工作才能提升高承受性，进而提升实用性、实战性。

管用性由强作战能力、强不对称性、强自主可控三部分组成，从表 8-3 的实际得分来看，管用性得分偏低的主要原因在于强作战能力得分低，平均分仅为 0.67，低于强不对称性的 0.88、强自主可控的 1.00，拉低了管用性得分，这从根本上反映出装备在某些能力上存在不足的问题，只有均衡能力设计、补齐能力短板才能提高强作战能力，进而提升管用性、实战性。

2. 实用性的高承受性得分普遍偏低

从图 8-2 可以看出，实用性的高承受性呈现断崖式下降，是装备的普遍短板。战斧 Block 3、战术战斧、LRASM 导弹高承受性的平均分值为 0.62 分，最低为 0.54，处于及格线上下。

高承受性由研制采购承受度、使用保障承受度两部分组成，为 4 级要素。其中，研制采购承受度可再分解为研发承受度、生产承受度，使用保障承受度可再分解为保障程度、保障通用性，为 5 级要素。从数据统计来看，发展型战术战斧、下一代 LRASM 导弹的生产承受度、保障程度、保障通用性得分为 3 分，技术改进或新技术发展需要生产条件局部改造，早期基本型战斧 Block 3 导弹研发承受度较高，属于战斧系列导弹“大改”一代，其生产制造成本提高，致使研制成本高；保障程度大部分评估为自主保障，尚达不到免保障，使用的代价较大、成本高；大部分装备的保障通用性评估为通用，无法民用化保障，这样保障成本无法降至较低的水平。其根本原因在于，装备立项时新技术多，成本设计观念，尤其是保障成本设计观念不强，且为追求装备的指标先进性倾向于新技术快上、多上；新技术复杂、难度大，需要新建条件多，导致成本预判不准确，加上军品高精尖技术专业化高，市场成熟度发展相对较慢，不易用市场对成本进行宏观调控，导致技术承受度低。

从上述分析看，高承受性成为实战化中的明显短板，这是长期以来在军品研制过程中普遍存在重性能、轻成本，重研制鉴定、轻使用保障，重技术成果、轻实战化应用的直接结果。这里边既有对承受性重视不够的原因，更有政策导向方面的原因。这个短板如果不去主动地填补，将打不起、也打不赢大量使用精确武器的未来战争，这一点值得我们注意。

3. 好用性的易操作性得分普遍偏低

从表 8 - 1 可以看出，好用性的易操作性得分较低，是装备的明显短板。战斧 Block 3、战术战斧、LRASM 导弹易操作性的平均分为 0.64，最低为 0.47，处于及格线以下。

易操作性按操作形式可分为人力/机械操作、电气/自动操作、自主/智能操作三类，为 4 级要素。其中，以人力/机械操作为主的情况可再分解为人力多少、机械复杂程度、操作持久性，以电气/自动操作为主的情况可再分解为界面复杂程度、操作并行性、操控整体性，以自主/智能操作为主的情况可再分解为智能高级程度、智能整体性、智能群体性，为 5 级要素。从数据统计来看，这些装备普遍评估为电气/自动操作，早期基本型战斧 Block 3 导弹的界面复杂程度较高，得分偏低，下一代 LRASM 导弹虽然被评估为自主/智能操作，但是高级智能程度为低级智能，智能整体性为局部智能，智能群体性为个体智能，总体上处于智能化的初级阶段。其根本原因在于装备立项时偏重于关键技术攻关，而用户体验设计、人机工程设计的观念不强，新技术、新理念对这些方面的需求牵引性不强，导致易操作性得分不高。

从上述分析看，易操作性成为实战化中的重要短板，这是长期以来在武器装备研制过程中普遍存在轻用户体验、轻实战化使用的直接结果。需要转变设计理念，从实战化角度出发，设计战争、设计装备，引导装备向高体验度方向发展。

4. 好用性的易维修性得分普遍偏低

从表 8－1 可以看出，好用性的易维修性得分较低，是装备的重要短板。战斧 Block 3、战术战斧、LRASM 导弹易维修性的平均分为 0.61，最低为 0.58，处于及格线上下。

易维修性按装备维修水平可进一步分解为不可维修、可维修、免维修三类，为 4 级要素。其中，不可维修、免维修均不再分解，可维修可再分解为确认故障、隔离故障、检测和隔离手段、分解组合、拆卸安装、测试复核、修复地点，为 5 级要素。从数据统计来看，早期基本型战斧 Block 3、发展型战术战斧、下一代 LRASM 导弹的检测和隔离手段被评估为 ATE 自动化测试或 BITE 机内测试，得分不超过 3 分，故障检测隔离的智能化水平有待提升；基本型战斧 Block 3、发展型战术战斧导弹分解组合、拆卸安装被评估为分解拆装、安装组合复杂，得分不超过 3 分，导弹结构设计方案未带来拆装便利；基本型战斧 Block 3 导弹修复地点被评估为返厂维修，得分为 3 分，反映出返修复杂程度较高。其根本原因在于装备立项研制时新技术多、维修性设计观念不强，新技术复杂、难度大、标准高，维修要求高；新技术、新理念对维修性的需求牵引不足，智能化健康监测等新技术在维修保障方面推广应用较慢。

从上述分析看，易维修性成为实战化中的重要短板，这同样是长期以来在武器装备研制过程中普遍存在轻用户体验、轻全寿命周期 OODA 设计、轻实战化使用的直接结果。需要转变设计理念，从实战化角度出发，设计战争、设计装备，缩短 OODA 环，引导装备向高体验度方向发展。

5. 新发展装备实战化相对均衡、实战化不断进步

从表 8－4 可以看出，新装备各层级要素相对均衡，要素间差异相对较小。例如 LRASM 导弹实战化要素得分最高项为 1.00，最低为 0.54；而老装备战斧 Block 3 导弹实战化要素最高、最低分分别为 1.00、0.36。这也说明实战化在不断进步，新装备在老装备实战

化发展经验的基础上取得长足进步。

随着对装备实战化重视程度的提高和军品市场的逐步成熟，特别是近年来实战化设计理念的宣贯，以及新装备的应用实践，战术战斧、LRASM 等新装备在易打理性、高价值性上都得到了长足的进步，虽然与高皮实性、强不对称性、强自主可控相比仍存在一定的差距，但实战化均衡发展理念已经在方案选型、设计优化中逐步得到应用，实战化能力逐渐提升。

（二）纵向分析

从表 8 - 5 可以看出，好用性、实用性、管用性方差均不小，平均达到了 0.15、0.16、0.18。再从表 8 - 1 可以看出易打理性、易维修性、强作战能力方差普遍较大，易打理性最大值为 0.92，最小值为 0.36，方差均为 0.23。好用性方差大的原因在于易打理性、易维修性方差较大，管用性方差大的原因在于强作战能力方差较大。

表 8 - 5　方差结果分析

<table>
<tr><th rowspan="2">装备</th><th colspan="3">好用性</th><th colspan="3">实用性</th><th colspan="3">管用性</th><th rowspan="2">实战性</th></tr>
<tr><th>易操作性</th><th>易打理性</th><th>易维修性</th><th>高价值性</th><th>高皮实性</th><th>高承受性</th><th>强作战能力</th><th>强不对称性</th><th>强自主可控</th></tr>
<tr><td rowspan="2">战斧 Block 3</td><td colspan="3">0.14</td><td colspan="3">0.12</td><td colspan="3">0.23</td><td rowspan="2">0.19</td></tr>
<tr><td>0.00</td><td>0.23</td><td>0.23</td><td>0.13</td><td>0.16</td><td>0.07</td><td>0.27</td><td>0.00</td><td>0.00</td></tr>
<tr><td rowspan="2">战术战斧</td><td colspan="3">0.15</td><td colspan="3">0.09</td><td colspan="3">0.18</td><td rowspan="2">0.05</td></tr>
<tr><td>0.00</td><td>0.23</td><td>0.25</td><td>0.08</td><td>0.07</td><td>0.12</td><td>0.27</td><td>0.11</td><td>0.00</td></tr>
<tr><td rowspan="2">LRASM</td><td colspan="3">0.16</td><td colspan="3">0.26</td><td colspan="3">0.13</td><td rowspan="2">0.06</td></tr>
<tr><td>0.23</td><td>0.23</td><td>0.21</td><td>0.00</td><td>0.00</td><td>0.08</td><td>0.18</td><td>0.12</td><td>0.00</td></tr>
<tr><td rowspan="2">弹种均值</td><td colspan="3">0.15</td><td colspan="3">0.16</td><td colspan="3">0.18</td><td rowspan="2">0.10</td></tr>
<tr><td>0.08</td><td>0.23</td><td>0.23</td><td>0.07</td><td>0.08</td><td>0.09</td><td>0.24</td><td>0.07</td><td>0.00</td></tr>
</table>

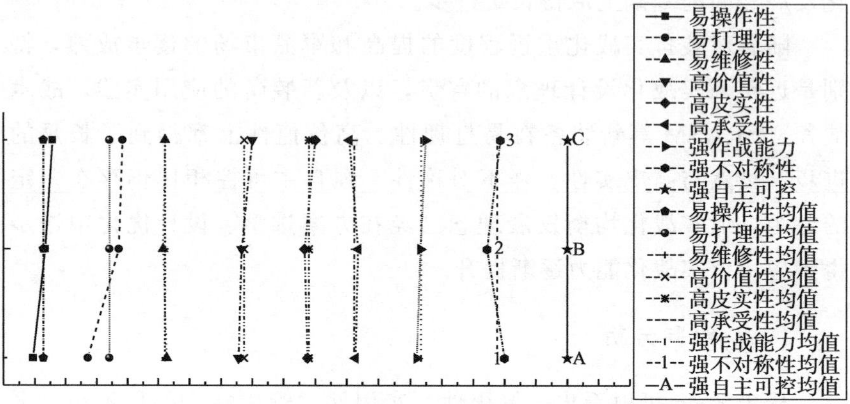

图 8－3　同巡航导弹实战化各要素分布

从统计结果看，几型装备都出现易打理性、易维修性、强作战能力方差较大的现象，并存在一定差异。其根本原因在于不同研制方之间对装备的研发水平和能力参差不齐。此外，不同装备在易打理性、易维修性、强作战能力方面存在固有特性差异，这也是造成方差较大的重要原因之一。

从上述分析看，易打理性、易维修性、强作战能力方差较大，这是不同研发时代、不同研制方技术水平差异以及不同装备自身特性存在差异的直接结果。通过重点关注方差较大的要素，分析不同研制方、不同装备之间的差距，促进技术交流与合作，切实改变设计观念，逐步建立完善的实战化设计标准规范，提升实战化设计水平、管理水平和研发队伍的整体实力；同时，利用实战化评价结果进行装备方案的选择，实现对装备实战化的引导。

（三）整体分析

1. 丘陵区集中在高价值性和强自主可控

从整体情况来看，高价值性和强自主可控评估得分普遍较高，实战化评估结果的高点均出现在这两个要素。例如，战斧 Block 3、战术战斧、LRASM 导弹的强自主可控达到了满分，LRASM 导弹的高价值性达到了 1，为强实战性，战术战斧导弹的高价值性达到了 0.83，战斧 Block 3 导弹达到了 0.78，为良实战性。

高价值性从用途广、潜力大两个方面进行考量，其中，用途广又包括军民两用、军种通用、平台通用、一专多用，潜力大又包括发展潜力、使用潜力。美国亚声速巡航导弹经过几十年的发展，装备型谱脉络、技术脉络十分清晰，此外美国格外重视武器装备的通用化、系列化发展，使得这些巡航导弹的用途广、发展潜力大。此外装备立项研制对高价值性要求较高，装备通过适应性改装均可适应不同平台、不同军种、不同作战任务，通过装备挖潜，装备间可以相互借鉴成熟、效果好的技术方案，因此通用性高、发展潜力较大，高价值性普遍较高。针对强自主可控，美国工业基础雄厚、吸引全世界科技人才、科技研发实力强大、关键核心技术掌握多且盟友众多，导弹技术自主可控度很高。

2. 盆地区集中在易维修性和高承受性

从整体情况来看，易维修性和高承受性评估得分普遍较低，实战化评估结果低点均出现这两要素。例如，战术战斧导弹易维修性得分为 0.58，为差实战性，战斧 Block 3、LRASM 导弹的易维修性得分也刚刚及格，为弱实战性；LRASM 导弹的高承受性得分未达到 0.6，为差实战性；战斧 Block 3、战术战斧导弹的高承受性得分刚及格，为弱实战性。

从统计结果看，战斧 Block 3、战术战斧、LRASM 导弹在易维修性和高承受性上存在不同程度的盆地区，这里既有主观的原因，也有客观的因素。从主观上看，全寿命周期成本设计观念不强、模块化与通用化设计重视不够、用户体验设计理念欠缺是造成盆地出现的重要原因。从客观上看，装备立项时技术发展水平以及设计、生产、试验等基础条件、研制水平等因素也会直接影响易操作性和高承受性的评估结果。例如，战斧 Block 3 导弹研制较早，未采用先进的总线技术，弹上系统、单机较多，使操作、维修的复杂程度高、工作量大，元器件种类数量较多且维修量较大，易维修性低；LRASM 导弹采用了许多先进的传感器技术，成本比战术战斧提高较多。因此，研制和作战使用成本高，高承受性低。

从上述分析看，易维修性和高承受性是装备实战化的普遍短板。这里既有技术方案选择的需求发展导向、研制方经营理念的原因，也有研制过程中对成本设计重视不够、模块化和通用化设计落实不够、研制条件和研制水平存在差异、用户体验设计欠缺等原因。需要加强交流与合作，取长补短，针对不同装备、不同研制方、不同行业的实际情况，有针对性地解决易操作性和高承受性偏低的问题，美国相关机构部门也确实在开展这些工作。

四、案例的启示

研究人员针对美国几例典型巡航导弹的分析评价得出了许多结论，并得到许多启示，这些启示对我国发展同样具有借鉴意义。

（一）观念方面

实战化均衡发展的观念：易维修性、高承受性是普遍的短板，更需要在装备立项，特别是基本型立项时倡导实战化均衡发展理念，补齐这两方面短板，实现均衡发展；易维修性、强作战能力、强不对称性与高价值性、强自主可控相比还存在不少差距，需要进一步发展提升，最终实现实战化多个要素的均衡、互促、协调发展。

面向实战化进行设计的观念：设计装备就是设计未来战争，装备设计是生成实战化能力的源头，要加强用户体验设计，重点提高武器装备易操作性、易打理性、易维修性，提高好用性；重点关注强适应、多任务、高可靠、长寿命，提高实用性，面向实战化发展武器装备。

效益化设计的观念：现代战争是国家综合国力的较量，武器装备的实际作战效益很大程度上更取决于作战成本、实战化能力。需要瞄准装备实战化能力，重点进行武器装备研发低成本设计、武器装备使用及维护低成本设计，铸就面向效益的武器装备发展之路。

（二）导向方面

确立将实战化均衡发展作为预研成果考核内容、工程立项必要条件的政策导向：在装备体系发展的各个环节中，要加强实战化设计与评估的政策导向力度，在装备预先研究中，明确实战化均衡发展的指标考核要求；将装备实战化评估作为装备立项的必要条件，补齐易操作性、高承受性短板，推动实战化水平的提升。

强化在装备发展各环节中实战化工作要求、实施办法、考核评估的机制保障：在实战化均衡发展的政策引导下，加强各类装备实战化发展的现状、短板、问题和改进方法研究，完善武器装备研发体系、流程，形成实战化发展的相关要求、标准、方法，不断强化鉴定试验中实战化、度量化考核力度，形成以实战化发展为理念的现代化装备研发体系。

制定针对易维修性、高承受性的导向性政策：针对两项评估普遍偏低，与发展预期相比明显滞后的现状，制定导向性政策，加强单位之间、装备之间的交流与合作，形成一套较为完善的装备实战化评估标准规范体系，促进实战化发展。

（三）选择方面

将易维修性、易打理性、强作战能力方差作为装备立项的敏感项：易维修性存在均值较低、方差较大的特点，不同方案的评估结果将存在较大的差异，有利于方案优选，以及高水平单位和队伍的选择；易打理性、强作战能力也存在方差较大的特点，也可作为敏感项目，用于技术细分选择。

将高承受性作为方案优选的关重项：高承受性作为普遍性短板，

可以在方案选择较难决策时作为关重项目，进行重点评价。

将实战化评价方法作为装备竞争优选的新方法：进行方案评价时，用实战化的方法进行量化评估，可以分析比较基于不同技术途径的方案，可用于多方案择优，这种新方法也会对装备的实战化设计起到长效的引领作用，促进武器装备实战化的普遍提升。

第九章　俄罗斯防空导弹实战化分析

为了验证武器装备实战化分析、设计、评价方法的正确性、有效性和可操作性，以俄罗斯三个典型的防空导弹为对象，开展相关分析和评价工作。由于三型导弹均为在役或在研，不能直接从需求和设计的角度进行分析，只能对其实战性进行试评价。通过对实战性的分析和评价，从某种程度可以映射出俄罗斯在确定防空导弹作战需求和进行防空导弹设计当中的一些思想、观念和方法。对俄罗斯防空导弹实战性的分析解读，不仅可以验证武器装备实战性分析方法的合理性，而且对于我们提高武器装备实战化水平具有重要的借鉴意义。

一、装备的选择

（一）装备选择的原则

1. 需要有基本型装备和改进型装备

基本型装备一般是一代装备的原型，它体现了发展原型装备的需求设计思想和实战能力，代表了当时的科技水平和对战争的理解认识。对基本型装备进行实战化分析，可以解读出更多有意义的因素。改进型装备一般是指在基本型基础上进行适应性改进得到的装备。这种改进往往是针对经过实战和实际应用暴露的问题，特别是对实战化问题进行针对性改进，目的是极大地提升实战能力。

俄罗斯 C－300/400/500 均可选配多型导弹，C－300 选配的中远程导弹为 48H6E，C－400 选配的中远程导弹为 48H6E2，C－500 选配的中远程导弹为 48H6E3，从 C－300/400/500 系列研承关系考虑，我们将 C－300 作为基本型，将 C－400 作为改进型。这样选择，对俄罗斯中远程防空导弹的分析评估具有一定的客观性和合理性。

2. 需要有跨代的基本型装备

跨代型号是领先一代的装备，代表未来武器、未来技术的发展方向。跨代型号在许多方面得到了跨域式提升，关键技术组成一般也具有颠覆性要素，可极大提升实战能力，代表未来一段时间对实战化的理解。对跨代型号进行实战化分析，具有牵引性意义。

C-500 是基于 C-400 发展而来的，其选配的中远程防空导弹 48H6E3 不仅进一步增大了射程，且已经具备对中程弹道导弹末段低层拦截能力，具备颠覆一代的特征，可以选为跨代型。

3. 选择的装备基本上得到过实战检验

不同于样机试验、仿真试验，实战是作战全要素的检验，动态对抗的全过程是其他试验、演习难以比拟的，纸上谈兵的完美装备在实际战场不堪一击的例子不胜枚举。

解决经历过实战检验装备暴露出的问题，最终形成契合实战的设计，而实战化理论是针对实际战场环境的分析、评价理论，选择经历过实战检验的装备，而不是实战成熟度不高的装备，这样，更有利于验证实战化方法。

自从 2015 年介入叙利亚危机以来，俄罗斯 C-400 等地空导弹武器系统经历了实战检验，符合本标准。

4. 对所选装备实战化评价的标准选择

一是通过长期跟踪和分析国外该系列导弹研发、改进、作战运用的情况，结合自己的分析和判断给出评估值；二是借鉴国外军内外部门对该系列导弹在作战运用中给出的实际评价；三是通过对引进装备的实际运用和消化吸收再创新。

（二）选择装备的基本情况

1. C-300 防空导弹基本情况

(1) 有关背景

C-300 防空导弹（北约代号为 SA-10），是苏联/俄罗斯研发的第三代地对空导弹系统的合称，共有三种基本型号 C－300P、C－300V、C－300F，并以这 3 种基本型为基础衍生出了诸多新型号，形成了一个庞大的 C－300 系列家族。在研制初期，C－300P 系列以拦截低空喷气式进攻性空袭兵器为主，C－300V 系列主要拦截战术弹道导弹。但在后续型号中 C－300 这两大系列地空导弹都已发展成为反巡航导弹、反战术弹道导弹、反飞机并举的多用途防空与反导系统。

（2） 主要性能

防空导弹类型：48H6E 型导弹（C－300P 武器系统）；

制导体制：惯性制导＋无线电指令修正＋TVM 末段制导的复合制导体制；

弹长：7.5 米；

弹径：0.519 米；

起飞质量：1 800 千克；

最大射程：150 千米；

最大飞行速度：2 800 米/秒；

战斗部：破片杀伤战斗部；

发射方式：垂直发射。

（3） 作战流程

1） 按目标雷达指示信息或自主照射制导雷达截获目标；2） 照射制导雷达向导弹发射车传送并装定发射参数；3） 按发射命令发射 1～2 枚导弹，导弹弹射垂直起飞、空中发动机点火、程序转弯、转向射击平面；4） 照射制导雷达截获导弹，导弹按能量最优弹道飞行，照射制导雷达向导弹发修正指令；5） 照射制导雷达向弹上无线电测向仪给出目标指示，使其截获目标；6） 按 TVM 制导原理将导弹引向目标，在遭遇点引信起爆战斗部。

（4） 主要特点

C－300P 系列最新改进型 C－300ПMY 骄子于 1997 年服役，武器系统由指挥中心、目标搜索雷达、制导站、48H6E2 型导弹及 4 联装发射车等部分组成，能同时拦截 6 个目标，具有全天侯全空域作战能力。C－300V 于 1987 年装备部队，该系统由指挥车、圆扫描雷达、扇面扫描雷达、多通道导弹制导站、9M83 型导弹及 4 联装履带式发射车、9M82 型导弹及 2 联装履带式发射车等部分组成，能同时拦截 6 个目标。

（5）参战情况

C－300 防空导弹于 20 世纪 80 年代开始装备苏联部队，广泛出口，多次参战。

2. C－400 防空导弹基本情况

（1）有关背景

C－400 防空导弹（北约代号为 SA－20），代表了目前俄罗斯第四代防空导弹装备的发展趋势，也代表着国土防空导弹的发展趋势。该装备体系包括四种基本型号的防空导弹，即反导专用型以及远、中、近程全空域四大系列（14 种型别）的防空导弹。其防空导弹型号包括“反导专用型”“400 千米以内全空域型”“200 千米内全空域型”“150 千米内全空域型”四大系列，每个系列包括 2 个以上型别的防空导弹型号，它综合集成远、中、近程，高、中、低空各种防空导弹装备型号为一体，是一个集地面反战略弹道导弹、反战术弹道导弹、反巡航导弹、反飞机、反辐射为一体的高度综合的防空导弹武器装备复杂巨系统，是一个防空导弹武器装备系统族，是新一代防空导弹装备革命性发展最具创新性的一个型号。

（2）主要性能

防空导弹类型：中远程 48H6E2 型导弹；

制导体制：惯性制导和半主动雷达末段制导；

弹长：7.5 米；

弹径：0.519 米；

起飞质量：1 800 千克；

最大射程：200 千米；

最大飞行速度：2 800 米/秒；

战斗部：破片杀伤战斗部；

发射方式：垂直发射；

可拦截的弹道导弹类型：3 千米/秒、射程 2 500 千米来袭的战术弹道导弹；

最大拦截距离：40 千米；

最大拦截高度：30 千米。

（3）作战流程

基本作战流程与 C－300 防空导弹类似，由于可打击目标较多，针对不同目标有一定差异。

（4）主要特点

C－400 战术单位可指挥 4 个 C－400 火力单元和 4 个 C－300 战术单位。C－400 单个火力单元可同时制导 20 枚导弹，拦截 10 个目标，一个 C－400 战术单位可同时拦截 192 个目标。对预警机、战略轰炸机、电子战飞机等大型目标最大射程达到 250 千米；对再入段最大速度2 800 米/秒以内的战术弹道导弹，最大拦截距离达 60 千米，具备对再入段最大速度 4 800 米/秒中程弹道导弹的拦截能力。

（5）参战情况

C－400 防空导弹于 2007 年 8 月装备于俄罗斯部队，经历了叙利亚等战争的实战检验。

3. C－500 防空反导系统基本情况

（1）有关背景

C－500 防空反导系统是俄罗斯新一代防空反导系统和未来空天防御力量的重要组成，是世界防空反导装备未来发展的典型型号。该系统主要用于拦截射程达 3 500 千米的中程及近程弹道导弹、洲际弹道导弹弹头、高超声速巡航导弹、低轨道卫星、飞机及无人机等。

C－500 系统不是 C－400 系统的简单改进，而是一种全新的系统。C－500 系统采用一套系统部署多种拦截导弹的模式，就作战能力而言，将显著优于现役的 C－400 凯旋防空导弹系统及其国外同类系统。

（2）主要性能

防空导弹类型：中远程 48H6E3 型导弹；

制导体制：惯性制导和半主动雷达末段制导；

弹长：7.5 米；

弹径：0.519 米；

起飞质量：1 835 千克；

最大射程：250 千米；

最大飞行速度：马赫数为 6；

战斗部：破片杀伤战斗部；

发射方式：垂直发射；

可拦截的弹道导弹类型：4 800 米/秒、射程 3 500 千米来袭的战术弹道导弹；

最大拦截距离：35 千米；

最大拦截高度：30 千米。

（3）作战流程

相较 C－400，C－500 作战流程得到大幅改进，同时针对不同目标有一定差异。

（4）主要特点

C－500 防空反导系统按反导和反飞机分别装备的原则建立，采用一体化指挥控制系统。其共用指挥控制系统包括：远程搜索雷达 60K6（60K6）以及指挥控制站 85ZH6－1（85Ж6－1）。反飞机装备部分包括：指挥控制站 55K6MA（55K6MA），雷达站 91N6AM（91H6AM），导弹发射装置 51P6M（51П6M），防空导弹 40N6M（40H6M）。反导装备部分包括：作战指控站 85ZH6－2（85Ж6－2），雷达站 76T6 和采用有源相控阵天线的雷达站 77T6，导弹发射装置为 77P6（77П6）或 55P6（55П6），装在 72R6M（72P6M）运输发射筒内的近程反导拦截弹 77N6－N（77H6－H，与 A－235 战略反导系统通用）、装在 72R6M1（72P6M1）运输发射筒内的远程反导拦截弹 77N6－N1（77H6－H1，与 A－235 战略反导系统通用）。

(5) 参战情况

尚未参战。

二、三型装备实战性计算

针对选择的防空导弹型号，依据实战化分析评价的理论、准则，邀请国内同类型号的研制方、国内主管主用型号的军方，以技术骨干的身份作为参评专家，对 3 个型号的实战性进行评价和分析。在正式评价前，对评价理论、方法、准则进行培训、试打分，并进行指导和改进。通过一轮打分，针对这些打分样本进行统计取均值，得到最终统计结果，见表 9－1～表 9－4、图 9－1 和图 9－2。

表 9－1　好用性评价结果统计

型号	易操作性	易打理性	易维修性	好用性
C－300(48H6E)	0.43	0.36	0.53	0.43
C－400(48H6E2)	0.62	0.80	0.60	0.67
C－500(48H6E3)	0.72	0.88	0.62	0.73
弹种均值	0.590	0.680	0.583	0.610

表 9－2　实用性评价结果统计

<table>
<tr><th rowspan="2">型号</th><th colspan="2">高价值性</th><th colspan="2">高皮实性</th><th colspan="2">高承受性</th><th rowspan="2">实用性</th></tr>
<tr><th>用途广</th><th>潜力大</th><th>健壮牢固</th><th>经久耐用</th><th>研制采购承受度</th><th>使用保障承受度</th></tr>
<tr><td rowspan="2">C－300(48H6E)</td><td colspan="2">0.68</td><td colspan="2">0.46</td><td colspan="2">0.20</td><td rowspan="2">0.40</td></tr>
<tr><td>0.60</td><td>0.77</td><td>0.35</td><td>0.60</td><td>0.20</td><td>0.20</td></tr>
<tr><td rowspan="2">C－400(48H6E2)</td><td colspan="2">0.78</td><td colspan="2">0.52</td><td colspan="2">0.54</td><td rowspan="2">0.60</td></tr>
<tr><td>0.68</td><td>0.89</td><td>0.60</td><td>0.45</td><td>0.49</td><td>0.60</td></tr>
<tr><td rowspan="2">C－500(48H6E3)</td><td colspan="2">1.00</td><td colspan="2">0.88</td><td colspan="2">0.67</td><td rowspan="2">0.84</td></tr>
<tr><td>1.00</td><td>1.00</td><td>1.00</td><td>0.77</td><td>1.00</td><td>0.45</td></tr>
</table>

续表

型号	高价值性		高皮实性		高承受性		实用性
	用途广	潜力大	健壮牢固	经久耐用	研制采购承受度	使用保障承受度	
弹种均值	0.82		0.62		0.47		0.613
	0.760	0.887	0.650	0.607	0.563	0.417	

表 9-3 管用性评价结果统计

型号	强作战能力					强不对称性			强自主可控		管用性
	机动力	火力	保障力	信息力	防护力	手段不对称	力量不对称	空间不对称	自主性	可控性	
C-300(48H6E)	0.52					0.52			0.65		0.56
	0.60	0.53	0.34	0.60	0.60	0.60	0.60	0.40	0.54	0.78	
C-400(48H6E2)	0.67					0.50			0.89		0.67
	0.78	0.69	0.67	0.60	0.60	0.60	0.35	0.60	0.93	0.86	
C-500(48H6E3)	0.78					0.54			0.89		0.73
	1.00	1.00	0.72	0.60	0.68	0.77	0.35	0.60	0.93	0.86	
弹种均值	0.657					0.520			0.810		0.65
	0.79	0.74	0.58	0.60	0.62	0.66	0.43	0.53	0.80	0.83	

表 9-4 实战性评价结果

型号	好用性			实用性			管用性			实战性
	易操作性	易打理性	易维修性	高价值性	高皮实性	高承受性	强作战能力	强不对称性	强自主可控	
C-300(48H6E)	0.43			0.40			0.56			0.46
	0.43	0.36	0.53	0.68	0.46	0.20	0.52	0.52	0.65	
C-400(48H6E2)	0.67			0.60			0.67			0.65
	0.62	0.80	0.60	0.78	0.52	0.54	0.67	0.50	0.89	
C-500(48H6E3)	0.73			0.84			0.73			0.76
	0.72	0.88	0.62	1.00	0.88	0.67	0.78	0.54	0.89	

续表

型号	好用性			实用性			管用性			实战性
	易操作性	易打理性	易维修性	高价值性	高皮实性	高承受性	强作战能力	强不对称性	强自主可控	
弹种均值	0.61			0.61			0.65			0.62
	0.59	0.68	0.58	0.82	0.62	0.47	0.66	0.52	0.81	

三、案例的分析

(一) 横向分析

1. 好用性的易操作性得分相对偏低

从表 9－1 可以看出，三个型号易操作性得分分别为 0.43、0.62 和 0.72，虽然也达到有实战性的标准，但是相对偏低，且进步不明显。造成这样的原因是现有设计思维在人机工程方面考虑得不周到，仅专注于指标的实现，造成所研制的装备不满足好用性、实战性标准。

2. 实用性的高承受性得分偏低

从表 9－2 可以看出，三个型号高承受性得分分别为 0.2、0.54 和 0.67，相对偏低，但进步较为明显。造成这样的原因是研发采购承受度、使用保障承受度得分较低，根源在于防空导弹的新技术向来较多，研发成本高、验证成本高。C－400 进步明显的原因是在保障方面进行了许多开创性研发设计，有效提升了高承受性。

3. 管用性的强不对称性得分相对偏低

从表 9－3 可以看出，三个型号强不对称性得分分别为 0.52、0.50 和 0.54，相比较而言偏低。造成这样的原因是 C－300 系列防空导弹主要作战对象是传统的战斗机、战术弹道导弹、轰炸机等，其对预警机等重要空中节点的杀伤距离与反辐射导弹等相比没有优势，因此其不对称作战能力较弱。

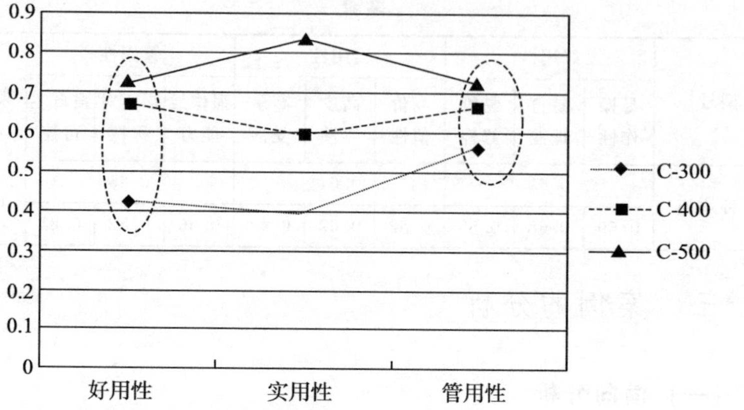

图 9-1 各防空导弹 3 个第 2 级要素得分情况

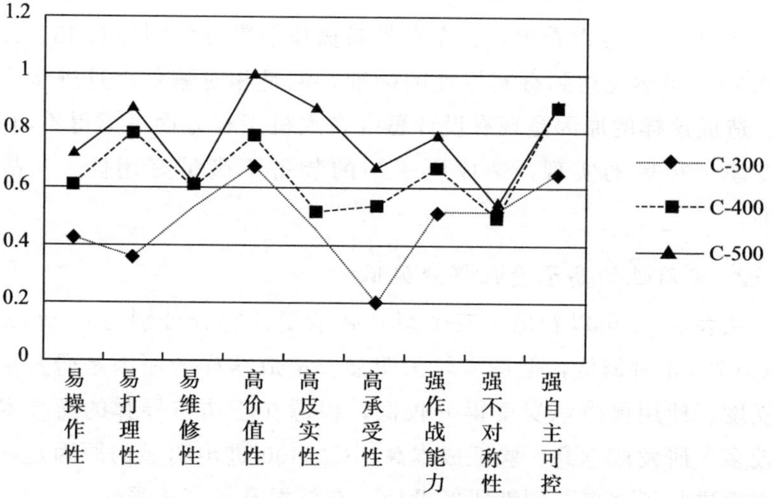

图 9-2 各防空导弹 9 个第 3 级要素得分情况

（二）纵向分析

1. 好用性的易操作性、易打理性方差较大

实用性的高价值性、好用性的易打理性，原因是防空导弹基本型操作性不佳、打理繁琐，发展型获得很大提升、得分较高。根源

在于基本型、发展型型号发展不平衡，这种不平衡依赖使用去改进、去再平衡，也就是说随着装备不断使用、不断发现问题，对设计形成正反馈、正迭代，后续型号设计上更为注意操作、打理，同时也反映出从无到有的基本型在设计中对这两方面考虑得不周全，需要在今后的设计中提前考虑，而不是装备后才发现，拉低实战能力。

2. 实用性的高皮实性、高价值性方差较大

实用性的高价值性、高皮实性方差较大，最低为 0.46，最高为 1.00，原因是 C－300 环境适应性不足、体系兼容度不够，发展型获得很大提升、得分较高。此外 C－300 是首个第三代防空导弹武器系统，主要用于填补空白，而 C－400 则是反隐身目标、中程弹道导弹能力大幅提升，因此其价值较大。

3. 管用性各要素方差较小

管用性各要素方差较小，差距普遍在 0.1 分左右，原因在于几型导弹基本达到了作战要求，延续性较好，是相对管用的装备，同时也是需要集智攻关、整体提升的领域。

（三）整体分析

1. 丘陵区集中在高价值性、强自主可控

高价值性、强自主可控得分普遍较高。高价值性得分高的原因在于防空导弹的通用性好、改进潜力大，这同样是由防空导弹的技术特征所决定的。

强自主可控得分高的原因是俄罗斯防空导弹可以实现高自主设计、高自主生产，根源在于俄罗斯防空导弹在设计之初就格外强调自主，大部分新技术靠国内集智攻关突破。

2. 盆地区集中在高承受性、强不对称性

高承受性、强不对称性得分普遍较低，高承受性最低得分为 0.20，强不对称性平均得分为 0.52。高承受性得分低的原因在于防

空导弹的研发采购承受度得分低、使用保障承受度得分低，根源在于防空导弹的新技术向来较多，研发成本高、验证成本高，保障要求较高。

强不对称性得分低的原因在于各项不对称要素得分不高，与美国同类导弹相比还未能形成不对称优势，得分偏低。

四、案例的启示

（一）观念方面

实战化均衡发展的观念：易维修性、高承受性是普遍的短板，更需要在装备立项，特别是基本型立项时倡导实战化均衡发展理念，补齐这两方面短板，实现均衡发展；易维修性、强作战能力、强不对称性与高价值性、强自主可控相比还存在不小的差距，需要进一步发展提升，最终实现实战化多个要素的均衡、互促、协调发展。

面向实战化进行设计的观念：设计装备就是设计未来战争，装备设计是生成实战化能力的源头，要加强用户体验效果，重点突破武器装备易操作性、易打理性、易维修性，提高好用性；重点提升强适应、多任务、高可靠、长寿命，提高实用性，面向实战化发展武器装备。

效益化设计的观念：现代战争是国家综合国力的较量，武器装备的实际作战效益很大程度上更取决于作战成本、实战化能力。需要瞄准装备实战化能力，重点进行武器装备研发低成本设计、武器装备使用及维护低成本设计，实现面向效益化的武器装备发展。

（二）导向方面

确立将实战化均衡发展作为预研成果考核内容、工程立项必要条件的政策导向：在装备体系发展的各个环节中，要加强实战化设计与评估的政策导向力度，在装备预先研究中，明确实战化均衡发展的指标考核要求；将装备实战化评估作为装备立项的必要条件，补全易操作性、高承受性短板，推动实战化水平的提升。

强化在装备发展各环节中实战化工作要求、实施办法、考核评估的机制保障：在实战化均衡发展的政策引导下，加强各类装备实战化发展的现状、短板、问题和改进方法研究，完善武器装备研发体系、流程，形成实战化发展的相关要求、标准、方法，不断强化鉴定试验中实战化、度量化考核力度，形成以实战化发展为理念的现代化装备研发体系。

制定针对易维修性、高承受性的导向性政策：针对两项评估普遍偏低，与发展预期相比明显滞后的现状，制定导向性政策，加强单位之间、型号之间的交流与合作，形成一套较为完善的装备实战化评估标准规范体系，促进实战化发展。

（三）选择方面

将易维修性、易打理性、强作战能力方差作为装备立项的敏感项：易维修性存在均值较低、方差较大的特点，不同方案的评估结果将存在较大的差异，有利于方案优选，以及高水平单位和队伍的选择；易打理性、强作战能力也存在方差较大的特点，也可作为敏感项目，用于技术细分选择。

将高承受性作为方案优选的关重项：高承受性作为普遍性短板，可以在方案选择较难决策时作为关重项目，进行重点评价。

将实战化评价方法作为型号竞争优选的新方法：进行方案评价时，用实战化的方法进行量化评估，可以分析比较基于不同技术途径的方案，可用于多方案择优，这种新方法也会对装备的实战化设计起到长效的引领作用，促进武器装备实战化的普遍提升。

第十章 美国空空导弹实战化分析

为了验证武器装备实战化分析、设计、评价方法的正确性、有效性和可操作性，以美国三个典型的空空导弹为对象，开展相关分析评价工作。三型导弹均为在役，其中两型经过实战检验。本章尝试利用实战化方法，对这三型空空导弹的实战性进行试评价。通过评价和分析，从某种程度映射出当时美军对空战需求和能力的判断以及对空空导弹设计的思想、观念和方法。通过对美国空空导弹实战性的分析解读，不仅可以验证武器装备实战化分析方法的合理性，而且对于我们提高武器装备实战化水平具有重要的借鉴意义。

一、装备的选择

（一）装备选择的原则

1. 需要有基本型装备和改进型装备

为了平衡武器性能和研发成本，包括美国在内的世界军事强国遵循武器装备基本型系列化的发展模式。基本型是一代装备的原型，体现了发展原型装备的作战需求、设计思想和实战化理念，代表了当时的科技水平和对战争的理解认识。改进型装备一般是指在基本型基础上针对技术水平的提升、作战需求的转变而进行的适应性改进。这种改进一定程度上是针对实战和实际应用暴露的问题，特别是对实战化问题进行针对性改进，目的是极大地提升实战能力。这种基本型-系列化的发展道路，与技术水平、武器装备的发展模式相契合，选择基本型和改进型装备进行分析，能够体现出装备实战化发展的典型特征。

从世界雷达型空空导弹发展历史来看，共分为四代，第四代典型代表为美国的 AIM－120 系列。选取 AIM－120 系列作为实战化分析对象，其中 AIM－120A 为 AIM－120 系列的基本型，AIM－120D 是 AIM－120 系列中的最新改进型。

2. 需要有跨代的基本型装备

跨代装备是领先一代的装备，代表未来武器、未来技术的发展方向。跨代装备在许多方面得到了跨跃式提升，关键技术组成一般也具有颠覆性要素，可极大提升实战能力，代表未来一段时间对实战化的理解。对跨代装备进行实战化分析，具有牵引性意义。

根据空空导弹发展的特点，选取第三代雷达型空空导弹典型代表 AIM－7M 作为实战化分析对象，与 AIM－120 系列形成代差。

3. 选择的装备基本上得到过实战检验

不同于样机试验、仿真试验，实战是作战全要素的检验，动态对抗的全过程是其他试验、演习难以比拟的，纸上谈兵的完美装备在实际战场不堪一击的例子不胜枚举。解决经历过实战检验装备暴露出的问题，最终形成契合实战的设计，而实战化理论是针对实际战场环境的分析、评价理论，选择得到过实战检验的装备，而不是实战成熟度不高的装备，这种更有利于验证实战化方法。

AIM－7 麻雀系列和 AIM－120 系列空空导弹经历了多次实战检验。AIM－7M 麻雀空空导弹是美国 80～90 年代空/海军的主战装备，在海湾战争等战争中取得了突出的战绩。AIM－120A 于 1991 年首次服役，便参加了海湾战争，尽管没有投入实战，但处于警戒状态。海湾战争之后，AIM－120A 在伊拉克南部禁飞区内实战中首次击落伊拉克米格－25 战斗机。AIM－120 系列空空导弹作为主战武器参与了多场局部战争，包括科索沃战争、利比亚战争等，经过了实战的检验。

4. 对所选装备实战化评价的标准选择

一是通过长期跟踪和分析国外该系列导弹研发、改进、作战运用的情况，结合自己的分析和判断给出评估值；二是借鉴国外的军内外部门对该系列导弹在作战运用中给出的实际评价；三是通过对引进装备的实际运用和消化吸收再创新。

（二）选择装备的基本情况

1. AIM-7M 空空导弹基本情况

（1）有关背景

麻雀（AIM-7）空空导弹是战后美国研制并装备使用的第二种空空导弹，也是世界上装备使用最为广泛的一种中距空空导弹系列。美国军方决定发展这种雷达型中距空空导弹，是出于当时的战略战术考虑。第二次世界大战结束后，出现了以美、苏为首的两大阵营对峙的军事态势和核军备竞赛的局面，远程战略轰炸机作为核炸弹唯一有效的运载工具，成为美苏对抗的终极装备。美军制订了一个雄心勃勃的空空导弹发展计划——研制具备远距拦截能力的雷达制导空空导弹，拦截苏联的远程战略轰炸机。

AIM-7M 空空导弹作为第三代雷达型中距空空导弹的典型代表，其特点是采用单脉冲半主动导引头，能够全天候、全方位、全高度攻击大机动目标，下视下射能力有所提高。该弹由美国海/空军联合提出，由雷锡恩公司于 1957 年 1 月开始改进，1978 年对单脉冲导引头进行试验和鉴定，1979 年 11 月交付样弹，1980 年 4 月进行试射，同年 8 月美国海军和主承包商联合进行技术鉴定，1981 年 2 月～10 月进行初步使用试验和鉴定，同年 12 月美国海军武器采购审查委员会批准该型导弹服役并授权小批生产，1982 年开始服役，1983 年 2 月进行最终验收，1985 年投入大批生产，成为美国海/空军各型战斗机的标准武器装备。

（2）主要性能

最大射程：45 千米；

最小射程：600 米；

最大速度：马赫数为 3～4；

使用高度：20 000 米；

最大过载：30 克；

制导系统：半主动脉冲多普勒雷达；

引信：主动雷达近炸引信；

战斗部：爆炸破片，重 40 千克；

弹重：230 千克；

弹长：3.66 米；

弹径：203 毫米；

翼展：102 毫米。

(3) 主要特点

AIM－7M 采用带倒置接收机的单脉冲雷达导引头以及数字处理机和新型自动驾驶仪，改善了抗电子干扰和地/海杂波干扰性能，提高了高空/低空攻击时的制导精度，特别是对小型掠地海飞行目标的攻击能力。该导引头采用的倒置接收机技术，来自英国马可尼公司。该公司于 1969 年开始研究单脉冲雷达的倒置接收机技术。为改进 AIM－7M，雷锡恩公司于 1975 年 1 月向该公司引进了采用倒置接收机的单脉冲雷达导引头技术。此外，AIM－7M 采用的固体火箭发动机型号改为 MK58Mod3、4 或 MK65Mod0；战斗部改为破片式，型号为 MK71，其安装位置与 AIM－7F 相同；主动雷达引信带有自检测系统，使导弹对低空飞行目标的引炸精度提高；重新设计了弹翼，以减小高速动压颤振。

(4) 参战情况

在 1991 年的海湾战争中，麻雀导弹的第三代型号 AIM－7M/F 战绩突出。1992 年 4 月《美国国防部致国会的最后报告》表明，在 1991 年 1 月 17 日～2 月 28 日的海湾战争中，多国部队共击落伊拉克固定翼飞机和直升机 38 架，其中，麻雀 AIM－7M/F 导弹击落 26 架，占击落飞机总数的 68.4%，首次在空战中超过红外近距格斗型空空导弹；机炮击落 2 架，占击落飞机总数的 5.3%。

2. AIM－120A 空空导弹基本情况

(1) 有关背景

AIM－120 阿姆拉姆（Advanced Medium Range Air－to－Air Missile，AMRAAM）空空导弹是美国研制并装备使用的第四代先进中距空空导弹，也是当今世界上最先进入现役的、具有发射后不管和多目标攻击能力的中距空空导弹。美国海/空军在 1973 年越南战争结束后不久，成立联合研究小组，在总结越南战争经验教训的基础上，提出应对未来 20～30 年内空中威胁所应发展的空空导弹要求，登载于 1976 年 9 月发表的、1978 年 4 月修订的《对先进战术空空导弹的空/海军联合要求》（JSOR）文件之中，其目标是发展一种取代将要退役的 AIM－7 麻雀系列中距空空导弹的后继导弹。

1977 年，美国海/空军成立联合工程项目办公室并联合提出项目研制任务，由空军武器发展试验中心负责项目管理，由海军航空系统司令部负责单脉冲雷达导引头分项目管理，随后发出对该导弹系统可行性研究的招标书。包括休斯导弹系统公司和雷锡恩公司在内的五家公司/集团投标，在对导弹的威力、性能、火力、可靠性和维修性进行广泛研究的基础上，提出了各自的样弹设计方案，随即进入样弹设计阶段。到 1978 年，经过比较，最后休斯公司和雷锡恩公司中标。这两家公司的样弹设计方案非常相似，都采用主动雷达制导系统和小战斗部，区别仅在于推力范围和气动布局不同。

1979 年底进入验证/审核阶段，休斯公司最终被选为主承包商。1982 年 12 月进入全面工程发展阶段，共生产试验用导弹 128 枚。全面工程发展阶段结束后，根据双承包制原则，1985 年选定雷锡恩公司为第二主承包商。由于试飞中发现许多问题以及管理失误，该导弹项目比原定计划推迟 3 年多。美国国会根据空军所作的保证而批准对该导弹拨款之后，两家主承包商于 1988 年 3 月开始低速生产第 1 批导弹。1990 年 5 月 4 日第二次在 F－15 战斗机上成功地进行了 4 对 4 试射，3 枚直接命中，1 枚从靶机一侧飞过，但处于导弹战斗部杀伤区内。1991 年 AIM－120A 首先进入美国空军服役，1993 年进入美国海军服役。至此，该导弹的全过程设计阶段宣告结束，进入了生产和使用阶段。

（2）主要性能

最大射程：70 千米；

最小射程：800 米；

最大速度：马赫数为 4；

使用高度：20 千米；

最大过载：40 克；

制导系统：捷联惯导＋数据链修正＋主动雷达制导；

引信：无线电近炸引信；

战斗部：WDU－33/B 型高爆破片式定向战斗部，重 22 千克；

动力装置：1 台固体火箭发动机；

弹重：152 千克；

弹长：3.65 米；

弹径：178 毫米；

翼展：533 毫米；

舵展：635 毫米。

（3）主要特点

导弹采用正常式气动布局，大长细比弹体，尖锥型头部。弹体中部装有较小的弹翼，以保证低速飞行时的机动性。尾部有 4 片控制舵，由电动舵机驱动。采用模块式结构设计，由 4 个主要舱段构成。从前至后依次为：制导舱、惯性基准装置与引信战斗部、火箭发动机和舵机舱。制导舱内包括采用平板天线和行波管放大发射机的主动雷达导引头。天线被尖锥形的陶瓷天线罩覆盖。发射机的后边是电子装置，其中有一个 32 兆赫兹的微处理器，执行导航、自动驾驶仪、雷达、引信及自检功能。制导舱的后边是惯性基准装置和引信战斗部。弹体的后半部分是火箭发动机、电动舵机，舵面布置在发动机长尾排气管的周围。发动机喷管的旁边装有数据链的接收天线，载机发出的关于目标位置和速度矢量的修正信息通过天线传到弹上。

由于该导弹装有小型捷联惯导系统，为保证其精度，在发射之前，机载火控系统必须向导弹提供载机速度、位置、姿态、重力分量等信息，以完成弹载惯导系统与机载惯导系统的对准。在导弹发射瞬间，载机火控系统还要向导弹装定目标的位置和速度信息；在导弹发射后且发射距离较远时，还要通过数据链传输系统向导弹传输目标的瞬时位置和速度信息。弹载计算机则根据上述信息，计算导弹有关参数，如天线指向、距目标的距离和目标的多普勒频率，以实现末制导段的截获与跟踪。

（4）参战情况

AIM－120A 导弹于 1991 年首次服役，便赶上了一场现代化的高技术战争，虽因缺少训练未获准投入实战，但受命处于警戒状态。在海湾战争后期，参战的美国空军第 58 战术战斗机联队总共获得了 52 枚 AIM－120A 先进中距空空导弹，装备 F－15C/D 战斗机，警戒巡逻载飞共 26 000 小时，仅出现两次导弹系统故障，可靠性达到 1 300 小时，大大超过规定的平均维修间隔时间（MTBM）200 小时（初期）和 450 小时（最终）的指标。1992 年 12 月 27 日，伊拉克空军的 1 架米格－23 和 1 架米格－25 闯入伊拉克南部的禁飞区，被美国空军 E－3 预警指挥飞机发现，随即引导在禁飞区上空巡逻的两架 F－16C 对其拦截。1 架 F－16C 同时发射 2 枚 AIM－120A 导弹，将米格－25 战斗机击落。

1993 年 1 月 13～18 日，在海湾战争爆发两周年前夕，美国联合英国和法国对伊拉克发起了三次惩罚性空袭。1 月 17 日夜间在伊拉克北部禁飞区，美伊双方战斗机发生了空战。美军 1 架 F－16C 战斗机发射 AIM－120A 导弹击落了一架米格－25（亦有说是米格－29）战斗机。1994 年 2 月 28 日，在波黑地区上空巡逻的两架北约组织的 F－16 战斗机，拦截了 4 架 G－4 超海鸥轻型攻击机。

1999 年 3 月，在科索沃战争期间，荷兰的一架 F－16AM 战斗机击落塞尔维亚的一架米格－29 飞机，美国的 F－15C 用 AIM－

120A 击落塞尔维亚的 2 架米格-29 飞机。1999 年 5 月 4 日，美国空军的一架 F-16C 击落了一架米格-29。

3. AIM-120D 空空导弹基本情况

(1) 有关背景

AIM-120 导弹自 1975 开始研制，按照基本型、系列化发展道路，历经 40 年仍在持续改进。1990 年美空军制定“预筹产品改进计划”(Pre-Planned Product Improvement，P3I)，分四个阶段，历时二十余年，对制导、引战、发动机和软件等进行持续升级改造，发展了 AIM-120C-3/4/5/6/7 和 AIM-120D 6 个改进型号。

AIM-120D 是 P3I 第四阶段的最终产品，也是该系列的最新改型，于 2003 年 12 月开始研制。2006 年雷神公司获得首份系留训练弹的生产合同，同年在美国爱德华空军基地的 F-22 战机上开展噪声和振动测试工作。2007 年开始研制试验。2009 年，由于出现导弹锁死、机内自检(BIT)失效、主动电子扫描阵列(AESA)干扰、飞机集成和 GPS 信号捕获不理想等问题，AIM-120D 作战试验的开始时间一再推迟。2011 年 8 月，完成研制试验。2012 年 5 月，美国军方进行了作战试验准备情况的评审，2013 年 5 月，AIM-120D 开始作战试验，2014 年完成了全部共 7 次作战试验，2015 年 1 月正式服役。

(2) 主要性能

最大射程：70 千米；

最小射程：800 米；

最大速度：马赫数为 4；

使用高度：20 千米；

最大过载：40 克；

制导系统：捷联惯导＋数据链修正＋主动雷达制导；

引信：无线电近炸引信；

战斗部：WDU-41/B 型战斗部，重 20 千克；

动力装置：1 台固体火箭发动机；

弹重：161 千克；

弹长：3.65 米；

弹径：178 毫米；

翼展：445 毫米；

舵展：447 毫米。

(3) 主要特点

AIM－120D 主要特点包括增大离轴角、改善运动学特性、GPS 辅助导航、双向数据链、扩大不可逃逸区、射程提高 50%及提高电子保护特性等。其抗电子干扰的能力与作战效能明显提高，新的制导软件改善了运动学性能和武器效能，通过改进标准发动机的能量管理增加了射程，双向数据链可对导弹的末段飞行进行更好的控制。在 AIM－120C－7 基础上进行较大改进，加装增强型双向数据链，采用紧耦合型 GPS/IMU 制导装置和新的软件版本。导弹射程增加 50%，杀伤概率大大提高。GPS/IMU 组合制导将减小飞行过程中对目标的瞄准误差。双向数据链可将导弹飞行状态传输到其载机上，扩展了导弹攻击载机后半球目标的能力；上行链路用于导弹制导指令的更新，同时支持第三方信息；下行链路用于发送导弹的工作状态和运动状态信息，报告导引头的截获、自动寻的转换以及可实现的杀伤概率。AIM－120D 还能利用地面探测器获取目标信息，即拥有基于战场信息共享网络的作战能力。

(4) 参战情况

AIM－120D 尚未参与实战，但是作为 AIM－120 系列的最新型号，已正式进入部队服役，未来将作为主战装备参战。

二、三型装备实战性计算

针对选择的空空导弹型号，依据实战化分析评价的理论、准则，邀请国内同类型号的研制方、国内主管主用型号的军方，以技术骨干的身份作为参评专家，对 3 个型号的实战性进行了评价和分析。

在正式评价前，对评价理论、方法、准则进行培训、试打分，并进行指导和改进。通过一轮打分，针对这些打分样本进行统计取均值，得到最终统计结果，见表 10-1～表 10-4 和图 10-1～图 10-9。

表 10-1　好用性评价结果统计

型号	易操作性	易打理性	易维修性	好用性
AIM-7M	0.43	0.42	0.54	0.46
AIM-120A	0.50	0.50	0.63	0.54
AIM-120D	0.67	0.86	0.67	0.72
弹种均值	0.53	0.59	0.61	0.57

表 10-2　实用性评价结果统计

<table>
<tr><th rowspan="2">型号</th><th colspan="2">高价值性</th><th colspan="2">高皮实性</th><th colspan="2">高承受性</th><th rowspan="2">实用性</th></tr>
<tr><th>用途广</th><th>潜力大</th><th>健壮牢固</th><th>经久耐用</th><th>研制采购承受度</th><th>使用保障承受度</th></tr>
<tr><td rowspan="2">AIM-7M</td><td colspan="2">0.68</td><td colspan="2">0.40</td><td colspan="2">0.41</td><td rowspan="2">0.45</td></tr>
<tr><td>0.77</td><td>0.60</td><td>0.46</td><td>0.35</td><td>0.49</td><td>0.35</td></tr>
<tr><td rowspan="2">AIM-120A</td><td colspan="2">0.68</td><td colspan="2">0.50</td><td colspan="2">0.35</td><td rowspan="2">0.49</td></tr>
<tr><td>0.77</td><td>0.60</td><td>0.73</td><td>0.35</td><td>0.20</td><td>0.60</td></tr>
<tr><td rowspan="2">AIM-120D</td><td colspan="2">0.89</td><td colspan="2">0.65</td><td colspan="2">0.73</td><td rowspan="2">0.75</td></tr>
<tr><td>0.88</td><td>0.89</td><td>0.95</td><td>0.45</td><td>0.89</td><td>0.60</td></tr>
<tr><td rowspan="2">弹种均值</td><td colspan="2">0.75</td><td colspan="2">0.52</td><td colspan="2">0.50</td><td rowspan="2">0.56</td></tr>
<tr><td>0.81</td><td>0.70</td><td>0.71</td><td>0.38</td><td>0.53</td><td>0.52</td></tr>
</table>

表 10-3　管用性评价结果统计

<table>
<tr><th rowspan="2">型号</th><th colspan="5">强作战能力</th><th colspan="3">强不对称性</th><th colspan="2">强自主可控</th><th rowspan="2">管用性</th></tr>
<tr><th>机动力</th><th>火力</th><th>保障力</th><th>信息力</th><th>防护力</th><th>手段不对称</th><th>力量不对称</th><th>空间不对称</th><th>自主性</th><th>可控性</th></tr>
<tr><td rowspan="2">AIM-7M</td><td colspan="5">0.54</td><td colspan="3">0.71</td><td colspan="2">0.93</td><td rowspan="2">0.71</td></tr>
<tr><td>0.73</td><td>0.53</td><td>0.55</td><td>0.60</td><td>0.37</td><td>0.77</td><td>0.77</td><td>0.60</td><td>0.93</td><td>0.93</td></tr>
</table>

续表

<table>
<tr><td rowspan="2">型号</td><td colspan="5">强作战能力</td><td colspan="3">强不对称性</td><td colspan="2">强自主可控</td><td rowspan="2">管用性</td></tr>
<tr><td>机动力</td><td>火力</td><td>保障力</td><td>信息力</td><td>防护力</td><td>手段不对称</td><td>力量不对称</td><td>空间不对称</td><td>自主性</td><td>可控性</td></tr>
<tr><td rowspan="2">AIM－120A</td><td colspan="5">0.65</td><td colspan="3">0.84</td><td colspan="2">0.93</td><td rowspan="2">0.80</td></tr>
<tr><td>0.84</td><td>0.63</td><td>0.62</td><td>0.71</td><td>0.49</td><td>1.00</td><td>1.00</td><td>0.60</td><td>0.93</td><td>0.93</td></tr>
<tr><td rowspan="2">AIM－120D</td><td colspan="5">0.80</td><td colspan="3">0.77</td><td colspan="2">0.93</td><td rowspan="2">0.83</td></tr>
<tr><td>1.00</td><td>0.88</td><td>0.73</td><td>0.84</td><td>0.59</td><td>0.77</td><td>1.00</td><td>0.60</td><td>0.93</td><td>0.93</td></tr>
<tr><td rowspan="2">弹种均值</td><td colspan="5">0.66</td><td colspan="3">0.77</td><td colspan="2">0.93</td><td rowspan="2">0.78</td></tr>
<tr><td>0.86</td><td>0.68</td><td>0.63</td><td>0.72</td><td>0.48</td><td>0.85</td><td>0.92</td><td>0.60</td><td>0.93</td><td>0.93</td></tr>
</table>

表 10－4 实战性评价结果统计

<table>
<tr><td rowspan="2">型号</td><td colspan="3">好用性</td><td colspan="3">实用性</td><td colspan="3">管用性</td><td rowspan="2">实战性</td></tr>
<tr><td>易操作性</td><td>易打理性</td><td>易维修性</td><td>高价值性</td><td>高皮实性</td><td>高承受性</td><td>强作战能力</td><td>强不对称性</td><td>强自主可控</td></tr>
<tr><td rowspan="2">AIM－7M</td><td colspan="3">0.46</td><td colspan="3">0.45</td><td colspan="3">0.71</td><td rowspan="2">0.53</td></tr>
<tr><td>0.43</td><td>0.42</td><td>0.54</td><td>0.68</td><td>0.40</td><td>0.41</td><td>0.54</td><td>0.71</td><td>0.93</td></tr>
<tr><td rowspan="2">AIM－120A</td><td colspan="3">0.54</td><td colspan="3">0.49</td><td colspan="3">0.80</td><td rowspan="2">0.60</td></tr>
<tr><td>0.50</td><td>0.50</td><td>0.63</td><td>0.68</td><td>0.50</td><td>0.35</td><td>0.65</td><td>0.84</td><td>0.93</td></tr>
<tr><td rowspan="2">AIM－120D</td><td colspan="3">0.72</td><td colspan="3">0.75</td><td colspan="3">0.83</td><td rowspan="2">0.77</td></tr>
<tr><td>0.67</td><td>0.86</td><td>0.67</td><td>0.89</td><td>0.65</td><td>0.73</td><td>0.79</td><td>0.77</td><td>0.93</td></tr>
<tr><td rowspan="2">弹种均值</td><td colspan="3">0.57</td><td colspan="3">0.56</td><td colspan="3">0.78</td><td rowspan="2">0.63</td></tr>
<tr><td>0.53</td><td>0.59</td><td>0.61</td><td>0.75</td><td>0.52</td><td>0.50</td><td>0.66</td><td>0.77</td><td>0.93</td></tr>
</table>

三、案例的分析

（一）横向分析

1. 好用性的易操作性、易维修性得分相对偏低

从表 10－1 和图 10－1 中可见，好用性中的易操作性得分分别为 0.43、0.50 和 0.67，分值较低且进步不明显。其原因是现有空空导

弹依赖于战斗机飞行员操作，尽管攻击过程实现了高度自动化水平，但仍然是信息化时代的产物，智能化、自主化水平较低。这也反映出空空导弹在高动态、强博弈作战条件下自主智能发展的困境，需要后续开展研究，实现智能化技术的突破。

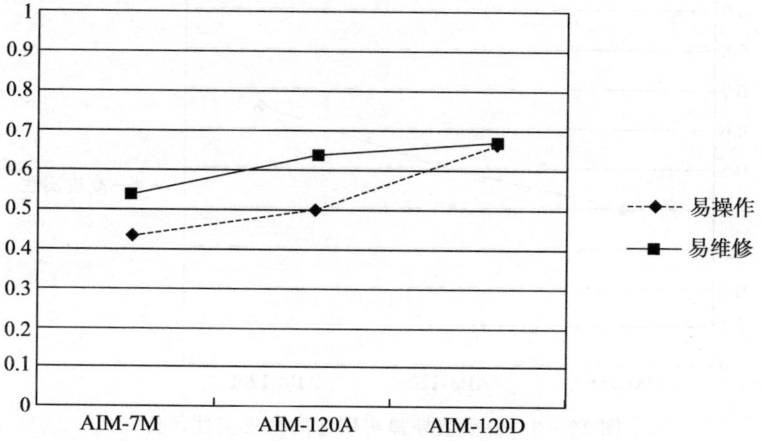

图 10－1　各型空空导弹好用性的易操作性、易维修性评价

此外，易维修性得分分别为 0.54、0.63 和 0.67。这表明易维修性在一定程度上满足实战需求，但相较而言略为偏低，且进步不明显。造成这样的原因是空空导弹作为高科技产品，系统复杂度较高，一旦出现问题，故障检测和定位存在较大困难，即便明确故障原因，拆解和维修过程也相对复杂。

2. 实用性的高皮实性得分偏低

从表 10－2 和图 10－2 中可以看到，空空导弹的高皮实性得分分别为 0.40、0.50 和 0.65，相对偏低且增长趋势不明显。分析高皮实性得分构成，其中健壮牢固一项得分很高，反映了美军装备的高可靠性，而经久耐用一项得分较低，拉低了皮实性的整体得分，主要原因是美国一直沿用固体火箭发动机作为空空导弹的动力装置。固体火箭发动机使用维护相对较为简单，但在装药寿命方面一直进展缓慢，由于战场环境恶劣、挂飞振动剧烈等因素，固体装药通常需要10年左右延寿一次。由于美军装备服役年限都较长，使得该型装备在服役期内需要进行多次延寿，导致经久耐用一项评分较低。

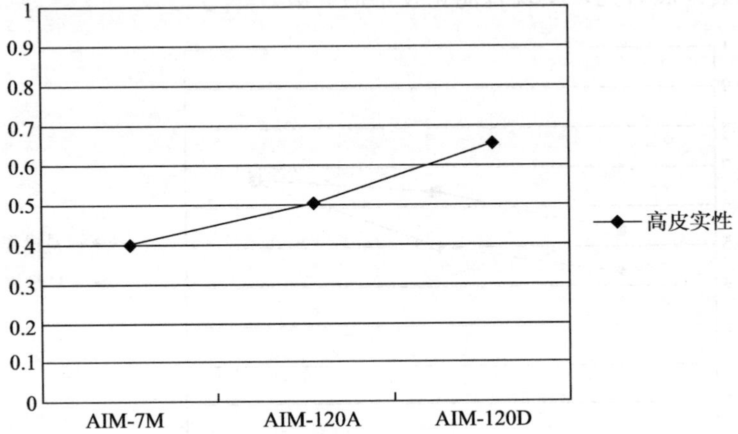

图 10－2　各空空导弹实用性的高皮实性评价

3. 管用性的强作战能力得分偏低

从表 10－3 和图 10－3 中可以看到，管用性的强作战能力得分偏低，分别为 0.54、0.65 和 0.80。分析其原因，尽管空空导弹在机动性、投送比冲、打击目标能力等方面具有较高的得分，但是在打击范围与防护性方面得分偏低。这是由空空导弹的作战使用特点造成的：一方面，空空导弹是由载机发射对空中目标进行打击的战术导弹，受到载机平台探测、制导等能力的限制，其射程通常在 100 千米左右，打击范围远低于巡航导弹、弹道导弹等上千千米的射程；另一方面，由于空空导弹作战距离近、飞行速度快、时间短，对导弹隐身需求不明显，导致防护性方面尤其是外观方面得分偏低。以上几个原因导致空空导弹的强作战能力偏低。

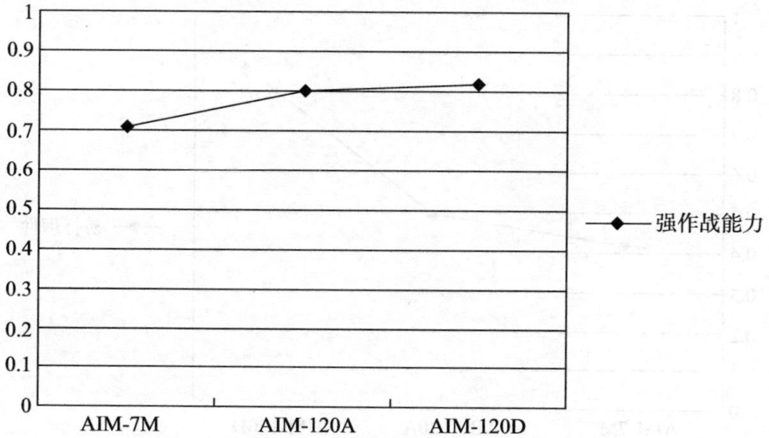

图 10－3 各空空导弹管用性的强作战能力评价

(二) 纵向分析

1. 好用性的易打理性进步明显

表 10－1 和图 10－4 给出了好用性的易打理性得分。可以看到，基本型得分较低，而发展型得分较高。这主要是基本型与发展型型号发展不平衡，基本型更多解决由无到有的过程，而发展型需要解决实战中存在的诸多问题。随着装备的不断使用，不断发现问题，尤其是经过历次实战的检验，对设计形成反馈和迭代，基本型的不足得到了弥补，发展型具有更为优良的实战特性。

2. 实用性的高价值性不断提升

表 10－2 和图 10－5 给出了实用性的高价值性得分，分数普遍较高，且不断提升。

主要原因是，在美国空空导弹研制初期，通常由空军、海军联合共同牵引军工单位开展研发工作，这使得空空导弹通用性好，能够多军种、跨平台使用，同时作战目标种类多，能够执行多种任务；改进潜力大，通过不断改进实现型谱内系列化发展，同时还能向地空等平台发展，在型谱外形成新型作战能力。

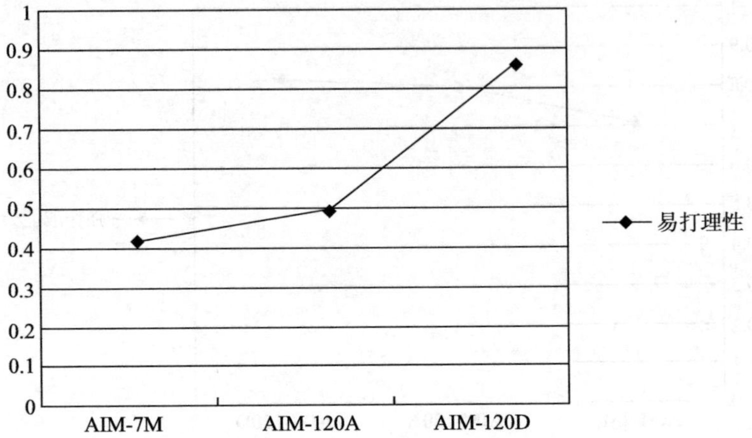

图 10－4　各空空导弹好用性的易打理性评价

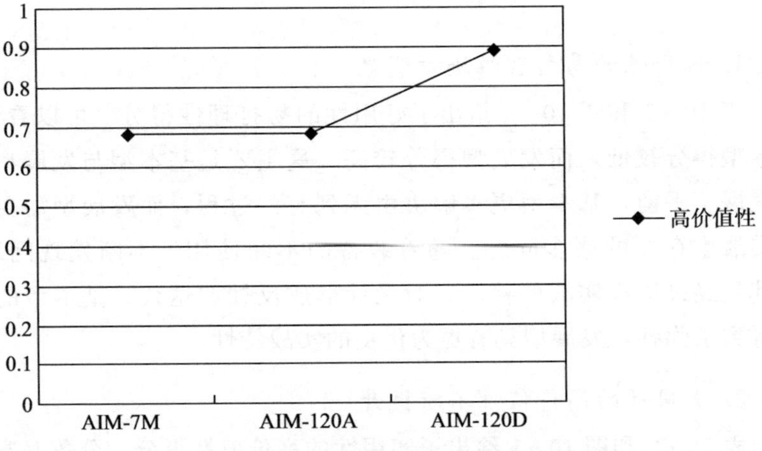

图 10－5　各空空导弹实用性的高价值性评价

3. 实用性的高承受性提升较快

实用性的高承受性评分先减小后增加，在型号研发初期得分较低，但是在后期改进型则提升较快，这是由空空导弹系列化发展现状决定的。

空空导弹作为高新技术产品，应用的新技术较多，尤其是研发基本型时，系统集成难度大，研发成本和验证成本均较高。在研制过程中 AIM－120A 研发费用暴涨，甚至险些被取消。在研制 AIM－120 系列时，美军以 178 弹径取代原有 AIM－7 系列 203 弹径，相关的配套体系和设备都需要重新投入，使得整个装备体系研制成本高，高承受性得分较低。随着 AIM－120A 服役，后期改进型沿用原有的体系和设备，相关研发成本和费用均在合理可控范围内，如图 10－6 所示。

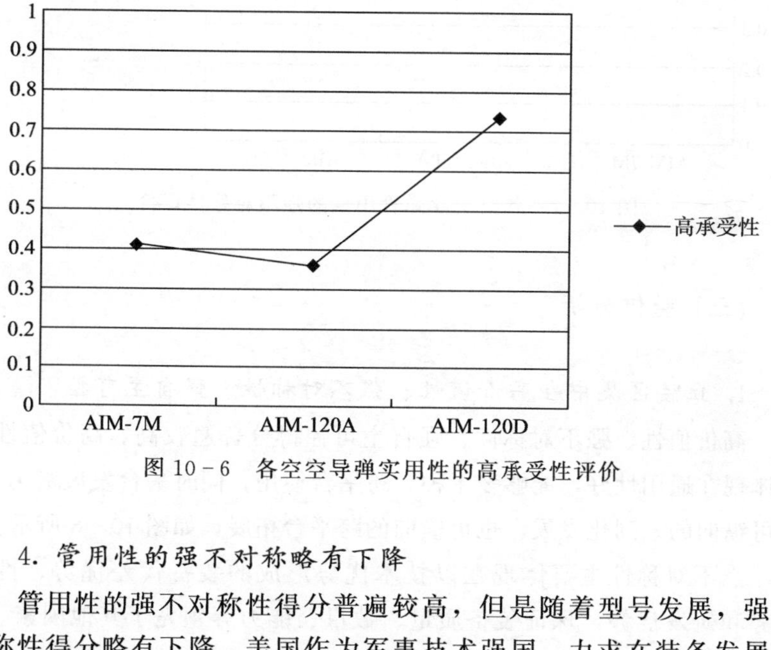

图 10－6 各空空导弹实用性的高承受性评价

4. 管用性的强不对称略有下降

管用性的强不对称性得分普遍较高，但是随着型号发展，强不对称性得分略有下降。美国作为军事技术强国，力求在装备发展领域能够领先其他国家，形成装备的代差优势。

由于苏联装备领域的快速发展，AIM－7M 空空导弹在装备后即面临苏联 P－27 空空导弹的竞争，使得该型导弹的强不对称性得分不高。AIM－120 系列作为第四代中距拦截型空空导弹，在装备之初其他国家尚未完成研制，具备敌无我有的代差优势，导致强不对称性要素得分较高。但是，随着其他国家第四代中距空空导弹的研制和装备，这种代差优势逐渐缩小，只能通过系列化改进维持技术上的领先优势，如图 10－7 所示。

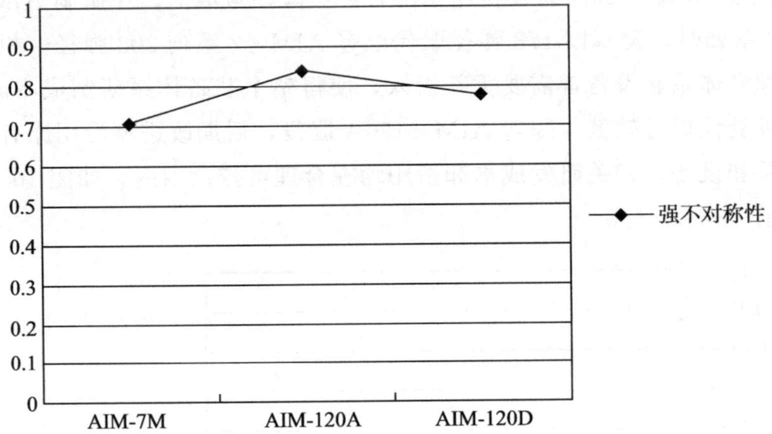

图 10－7　各空空导弹管用性的强不对称性评价

(三) 整体分析

1. 丘陵区集中在高价值性、强不对称性、强自主可控

高价值性、强不对称性、强自主可控得分普遍较高。高价值性主要体现在通用性好，能够多军种、跨平台使用，同时平台发展潜力大，既可纵向的系列化发展，也可横向的跨平台拓展，如图 10－8 所示。

强不对称性主要体现在以技术优势形成的装备代差优势、性能优势和研发优势，保证装备质量、数量、能力等领先于其他国家。

强自主可控主要体现在各零部件的研制、生产、组装、维修完全自主可控。美国具有非常发达的军事工业体系，规模庞大且门类齐全，完全具备自主生产空空导弹装备中各零部件的能力。即便出于成本、竞争等方面的考虑，部分非核心的零部件甚至功能性舱段会采购国外产品，但是国内大多具有替代性产品或者相应的生产能力，使得装备的自主可控程度非常高。

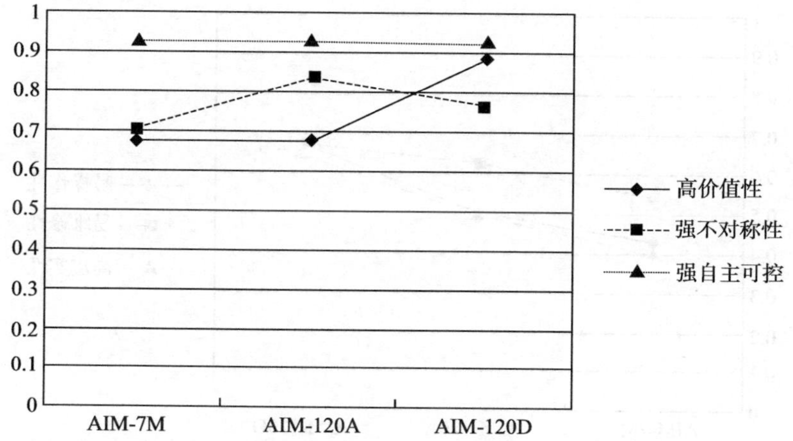

图 10－8　各空空导弹高价值性、强不对称性、强自主可控评价

2. 盆地区集中在易操作性、易维修性、高皮实性

易操作性、易维修性、高皮实性得分较低。易操作性的得分低主要在于技术跨度不足，以自主智能为代表的新技术应用尚未成熟；易维修性的得分低主要由于装备复杂度高，而维修技术提升不明显；高皮实性的得分低主要是各部件寿命长短不一，以发动机为代表的火工品寿命无法匹配武器装备服役期限，如图 10－9 所示。

盆地区体现了武器装备技术发展的不均衡性：一方面，在一定时期内，研发设计会更注重某些指标而轻视甚至忽略另一些指标，以及不同领域的技术发展快慢不一，导致武器装备中不同技术的发展状况不同；另一方面，新技术的研发往往面向某一特定实体或特定场景，对于相似实体或关联领域，新技术应用往往会更为简单和迅速，其他领域新技术的应用相对缓慢，导致不同领域新技术的应用存在不平衡性。因此，针对盆地区应加强技术研发和技术应用研究，提升武器装备整体性能。

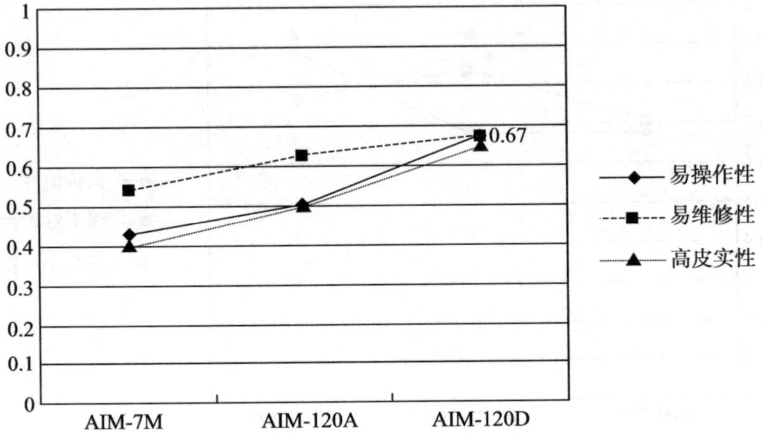

图 10－9　各空空导弹易操作性、易维修性、高皮实性评价

四、案例的启示

（一）观念方面

加强武器装备实战化的设计理念。美国武器装备性能优良，除了有资金和技术的支持，也离不开战争中实战化的磨砺。每位美国总统在任内通常都会发动战争，一方面维护自身利益，另一方面也对美国武器装备进行实战化检验。基于实际作战中暴露的问题，形成装备需求，进而牵引武器装备的发展。反观我国，武器装备唯一的检验手段就是靶试，这导致武器装备实战化的研制观念不强。

武器装备应考虑系统设计理念。武器装备的总体性能同样适用于木桶原理，短板技术决定着最终性能。应从总体设计出发，综合考虑各项武器装备技术，重点加强短板技术的研发与投入，提升武器装备的总体性能。

（二）导向方面

加强武器装备的实战化导向。实战化体现在好用性、实用性和管用性等多个方面，面向各方面的设计应保持均衡。单纯提高某一方面性能，无法有效提升整体的实战化水平。从美军空空导弹发展情况来看，重点应突破好用性的易操作性、易维修性，实用性的高皮实性和管用性的强作战能力，面向实战性发展武器装备。

加强实战性考核标准。随着军队训练向实战化转变，武器装备研制也应以实战化作为检验标准。针对当前武器性能试验离实际作战相差较远的现状，研究如何构建符合真实战场环境的试验条件，增加实战化条件下敌我双方高强度对抗的情形，提升试验同实战化的契合度，同时制定实战化考核标准，检验武器装备的实战性能，提高武器装备实战化水平。

（三）选择方面

加快武器装备技术的发展。在空空导弹领域，美国一直维持着技术优势，武器装备性能领先其他国家。我国应加快相关领域的技术研发和技术应用，逐步缩短同美国的差距。从实战化分析来看，美军的武器装备的高价值性得分较高，这主要是由于美国的研发注重多用途、多功能的特点，在军种通用、平台通用、一专多用以及使用潜力等方面具有较高的得分，我国应重点加强装备论证阶段的需求分析，提高武器装备的通用性。此外美军武器装备的强自主可控要素得分也较高，主要是部件的国产化率非常高，这同样值得我国借鉴。

附录 A 实战性要求与打分准则

表 A-1 易操作性

第一步:打大分(6 选 1)		第二步:打小分(同代比)		
人力/机械>电气/自动>自主/智能	选此项则得分为 0	第 1 条	人力多	选此项则得分为 3
			人力少	选此项则得分为 5
人力/机械>自主/智能>电气/自动	选此项则得分为 1	第 2 条	复杂机械	选此项则得分为 3
			简单机械	选此项则得分为 5
电气/自动>人力/机械>自主/智能	选此项则得分为 2	第 3 条	持续操作	选此项则得分为 3
			断续操作	选此项则得分为 5
电气/自动>自主/智能>人力/机械	选此项则得分为 3	第 1 条	复杂界面	选此项则得分为 3
			简单界面	选此项则得分为 5
自主/智能>人力/机械>电气/自动	选此项则得分为 4	第 2 条	串行操作	选此项则得分为 3
			并行操作	选此项则得分为 5
自主/智能>电气/自动>人力/机械	选此项则得分为 5	第 3 条	局部操控	选此项则得分为 3
			整体操控	选此项则得分为 5
		第 1 条	低级智能	选此项则得分为 3
			高级智能	选此项则得分为 5
		第 2 条	局部智能	选此项则得分为 3
			整体智能	选此项则得分为 5
		第 3 条	个体智能	选此项则得分为 3
			群体智能	选此项则得分为 5

注:大分范围[0,5];小分每条归一化到(0,1],然后三条按边长法计算;最后,大小分相加、归一化到(0,1]

表 A-2　易打理性

第一步：打大分(2 选 1)		第二步：打小分(同代比)		
专业打理＞日常打理	选此项则得分为 0	第 1 条	打理项目少	选此项则得分为 3
			打理项目多	选此项则得分为 5
		第 2 条	打理周期短	选此项则得分为 3
			打理周期长	选此项则得分为 5
		第 3 条	打理时间长	选此项则得分为 3
			打理时间短	选此项则得分为 5
日常打理＞专业打理	选此项则得分为 1	第 1 条	环境要求高	选此项则得分为 3
			环境要求低	选此项则得分为 5
		第 2 条	人员要求高	选此项则得分为 3
			人员要求低	选此项则得分为 5
		第 3 条	设备要求高	选此项则得分为 3
			设备要求低	选此项则得分为 5

注：大分范围[0,1]；小分每条归一化到(0,1]，然后三条按边长法计算；最后，大小分相加、归一化到(0,1]

表 A-3　易维修性

第一步：打大分(3 选 1)		第二步：打小分(同代比)		
不可维修	选此项则得分为 0	无		
可维修	选此项则得分为 1	第 1 条	未检出故障	选此项则得分为 1
			未确认故障	选此项则得分为 3
			确认故障	选此项则得分为 5
		第 2 条	无法故障隔离	选此项则得分为 1
			故障隔离到分系统	选此项则得分为 3
			故障隔离到可更换单元	选此项则得分为 5

续表

第一步:打大分(3 选 1)		第二步:打小分(同代比)		
可维修	选此项则得分为 1	第 3 条	检测和隔离的手段:手工	选此项则得分为 1
			检测和隔离的手段:ATE 自动化测试	选此项则得分为 2
			检测和隔离的手段:BITE 机内测试	选此项则得分为 3
			检测和隔离的手段:PHM 故障预测与健康管理	选此项则得分为 4
			检测和隔离的手段:智能	选此项则得分为 5
		第 4 条	更换:分解组合复杂	选此项则得分为 3
			更换:分解组合简便	选此项则得分为 5
		第 5 条	更换:拆卸安装复杂	选此项则得分为 3
			更换:拆卸安装简便	选此项则得分为 5
		第 6 条	更换:测试复核复杂	选此项则得分为 3
			更换:测试复核简便	选此项则得分为 5
		第 7 条	返厂修复	选此项则得分为 3
			基地修复	选此项则得分为 5
免维修	选此项则得分为 2	无		

注:大分范围[0,2];小分每条归一化到(0,1],然后七条按边长法计算;最后,大小分相加、归一化到(0,1]

表 A-4　高价值性

第 4 级要素	第 5 级要素	分档	分数	备注
用途广	军民两用	两用	5	
		军用	3	
	军种通用	多军种	5	军种通用是指在不同军兵种间直接通用
		单一军种	3	
	平台通用	多平台	5	平台通用是指在不同发射平台间直接通用
		单一平台	3	
	一专多用	协同任务	5	
		多任务	3	
		单一任务	1	
潜力大	发展潜力	可预留发展空间	5	
		可横向移植发展	4	
		可纵向系列发展	3	
		可现役装备改造	2	
	使用潜力	协同使用样式	5	
		多种使用样式	3	
		单一使用样式	1	

表 A-5　高皮实性

第 4 级要素	第 5 级要素	分档	分数	备注
健壮牢固	可靠性	任务可靠性高	5	
		使用可靠性高	4	
		设计可靠性高	3	
		可靠性要求高	2	
	健壮性	冗余能力强	5	
		容错能力强	3	
		容偏能力强	1	
	适应性	对抗环境适应性强	5	平台环境是指发射平台的环境;战区环境是指战区内的己方环境
		战区环境适应性强	3	
		平台环境适应性强	1	
	兼容性	体系兼容性	5	
		系统兼容性	3	
经久耐用	寿命	服役期无需延寿	5	
		服役期一次延寿	3	
		服役期多次延寿	1	
	强度(含环境/频次)	连续使用	5	
		重复使用	3	
		一次使用	1	

表 A-6　高承受性

第 4 级要素	第 5 级要素	分档	分数	备注
研制采购承受度	研发承受度	改造型	5	
		改进型	4	
		移植性	3	
		发展型	2	
		基本型	1	
	生产承受度	现有条件	5	
		局部改造	3	
		全新建设	1	
使用保障承受度	保障程度	免保障	5	
		自主保障	3	
		支援保障	1	
	保障通用性	民用	5	
		通用	3	
		专用	1	

表 A-7　强作战能力

第4级要素	第5级要素	分档	分数	备注
机动力	机动性	国际领先	5	$k = nv$， 式中，n 为机动过载，单位 g； v 为平均速度，用马赫来衡量
		国际先进	4	
		国内领先	3	
		国内先进	2	
		国内中后	1	
	投送比冲	国际领先	5	$\lambda = \frac{m_z}{m_f} \cdot \frac{v}{P}$， 式中，$m_z$ 为战斗部质量， m_f 为发射质量， v 为平均速度， P 为价格
		国际先进	4	
		国内领先	3	
		国内先进	2	
		国内中后	1	
	机动域	跨域	5	
		单域	3	
火力	打击范围	大纵深打击	5	各类武器对打击距离的划分不同
		防区外打击	3	
		防区内打击	1	
	打击目标	目标种类多	5	此处指该型武器的典型目标
		目标数量多	4	
		单一种类目标	3	
		单一数量目标	2	
	毁伤能力	毁瘫	5	
		重创	4	
		失能	3	
		击伤	2	
	密度	多联装	5	
		多波次	4	
		单波次	3	
		单联装	2	

续表

第 4 级要素	第 5 级要素	分档	分数	备注
保障力	贮存	战场环境	5	
		自然环境	4	
		简易库房	3	
		洞库环境	2	
	运输	自身平台运输	5	
		通用平台运输	3	
		专用平台运输	1	
	供应	伴随供应	5	
		区域供应	3	
		后方供应	1	
	管理			同易打理性
	修理			同易维修性
信息力	感知	先敌感知	5	
		同敌感知	3	
		后敌感知	1	
	处理	事先处理	5	
		事中处理	3	
		事后处理	1	
	传输	信号级传输	5	
		信息级传输	3	
		指令级传输	1	

续表

第4级要素	第5级要素	分档	分数	备注
防护力	隐蔽性	民用外形	5	
		隐身外形	3	
		伪装外形	1	
	抗毁性	受规定的攻击不失能力	5	
		受规定的攻击不失功能	4	
		受规定的攻击功能缺损	3	
		受规定的攻击毁瘫	2	
	软防护	主动防护	5	
		被动防护	3	
		无防护	1	
	硬防护	主动防护	5	
		被动防护	3	
		无防护	1	

表 A-8　强不对称性

第 4 级要素	第 5 级要素	分档	分数	备注
手段不对称	有无	我有敌无	5	不对称是与国外主战装备比
		敌我都有	3	
		敌有我无	1	
	强弱	我强敌弱	5	
		敌我相当	3	
		敌强我弱	1	
力量不对称	代差	我高敌低	5	
		敌我相当	3	
		敌高我低	1	
	量差	我多敌少	5	
		敌我相当	3	
		敌多我少	1	
空间不对称	域差	我跨域对敌单域	5	域指飞行高度域，主要有水下、水中、近水面、空中、高空、临近空间等
		我跨域对敌跨域	4	
		我单域对敌单域	3	
		我单域对敌跨域	2	

表 A-9　强自主可控

第 4 级要素	第 5 级要素	分档	分数	备注
自主性	设计自主	自主设计	5	
		研仿设计	3	
		引进设计	1	
	生产自主	自主生产	5	
		引进部件配装	4	
		来料组装	3	
		整装引进	2	
	保障自主	自主保障	5	
		引进器件保障	4	
		引进部件保障	3	
		引进整机保障	2	
可控性	质量可控	引进设计	5	
		引进器件	4	
		引进部件	3	
		引进整机	2	
	成本可控	引进设计	5	
		引进器件	4	
		引进部件	3	
		引进整机	2	
	渠道可控	多种渠道	5	
		单一渠道	3	
		特殊渠道	1	

附录B 算法

在指标拟定时就避免采用存在相互关联的要素，比如技术成熟度，以技术物化形式为基础，如果是原理阶段，那只能是理论验证，如果是概念阶段，只能是理论验证或者试验室环境。

表 B-1 技术成熟度

评估要素	原理	概念	部件/功能模块	样机	产品
理论验证	1	2			
试验室环境验证		3	4		
模拟环境			5		
典型使用环境验证			6	7	8
实际使用环境验证					9

表 B-2 研制采购承受度

评估要素	全新建设	局部改造	现有条件
基本型	√(一级)	√(二级)	√(三级)
发展型	√(四级)	√(五级)	√(六级)
改进型	√(七级)	√(八级)	√(九级)
移植型	√(十级)	√(十一级)	√(十二级)

关联要素属于两个维度：再细分为两级要素，比如技术普适度的横向通用和纵向通用，无法说明孰优孰劣，因为是两个不同维度、不同性质的要素，再往下细分进行打分。

表 B-3　技术普适度

评估指标	时间普适度		
空间普适度	评估要素	同代装备通用	跨代装备通用
	装备系列通用	√(一级)	√(二级)
	型谱系列通用	√(三级)	√(四级)
	行业系列通用	√(五级)	√(六级)
	跨行业系列通用	√(七级)	√(八级)

表 B-4　针对第五级要求的打分方法（矩阵方法）

区间范围	5 级要素:工作环境适应能力	5 级要素:对抗环境适应能力
野战环境		√
自然环境	√	
平台环境		
简易库房环境		
洞库环境		

表 B-5　按准则进行选择的方法

准则	5 级要素:对抗环境适应能力
对抗环境健壮性高	
战区环境健壮性高	√
平台环境健壮性高	
自身环境健壮性高	

实战化评价准则更“实”一些，是技术体制或者公认技术指标的选择，是客观标准，达到哪种级别就选择对应的分值，不必采用矩阵方法。

对于五维度，如果要使用矩阵乘的方法，可以采用 $1\times n$ 的行列式 $\boldsymbol{A}$（代表每个区间范围对应的分值）与此 $n\times m$ 矩阵 $\boldsymbol{B}$ 相乘，得到 $1\times m$ 的行列式 $\boldsymbol{C}$，$\boldsymbol{C}$ 再与单位对角矩阵 $\boldsymbol{D}$ 相乘，得到对角阵 $\boldsymbol{E}$，归一化并求其值即可。

假设对 4 个要素进行选择，打分矩阵为

$$
\boldsymbol{B}=\begin{bmatrix}1 & 1 & 0 & 0\\0 & 0 & 0 & 0\\0 & 0 & 1 & 0\\0 & 0 & 0 & 1\\0 & 0 & 0 & 0\end{bmatrix}
$$

$\boldsymbol{A}$ 为每个区间范围对应的分值［5，4，3，2，1］，5 即是最高区间对应的 5 分，4 为第二高区间对应的 4 分，如此等等。则 $\boldsymbol{C}=\boldsymbol{A}\times\boldsymbol{B}=[5，5，3，2]$，代表每个 5 级要素得分分别为 5 分、5 分、3 分、2 分。$\boldsymbol{C}$ 与单位对角矩阵 $\boldsymbol{D}$ 相乘，得到

$$
\boldsymbol{E}=\boldsymbol{C}\times\boldsymbol{D}=[5\quad 5\quad 3\quad 2]\times\begin{bmatrix}1 & 0 & 0 & 0\\0 & 1 & 0 & 0\\0 & 0 & 1 & 0\\0 & 0 & 0 & 1\end{bmatrix}=\begin{bmatrix}5 & 0 & 0 & 0\\0 & 5 & 0 & 0\\0 & 0 & 3 & 0\\0 & 0 & 0 & 2\end{bmatrix}
$$

对 $\boldsymbol{E}$ 的要素归一化，求其值，开 4 次方根得到

$$
[\det(\boldsymbol{E}/5)]^{0.25}=\left(1\cdot 1\cdot\frac{3}{5}\cdot\frac{2}{5}\right)^{0.25}=0.24^{0.25}=0.70
$$

此 0.70 即为此 4 个要素的评价得分。

附录C　打分算法表（含计算公式）

<table>
<tr><th rowspan="2">序号</th><th colspan="2">5级要素</th><th colspan="2" rowspan="2">4级要素值</th><th colspan="2" rowspan="2">3级要素值</th><th colspan="2" rowspan="2">2级要素值</th><th colspan="2" rowspan="2">1级要素值</th></tr>
<tr><th>打分要素名称</th><th>按准则打分（归一化后）</th></tr>
<tr><td>1</td><td>人力多少</td><td>$A1$</td><td rowspan="3">以人力/机械为主</td><td rowspan="3">$B1 = (A1 \cdot A2 \cdot A3)^{1/3}$</td><td rowspan="9">易操作性</td><td rowspan="9">$C1 = (Bi + j)/6$
其中$(i,j)=(1,0)$、$(1,1)$、$(2,2)$、$(2,3)$、$(3,4)$、$(3,5)$</td><td rowspan="9">好用性</td><td rowspan="9">$D1 = (C1 \cdot C2 \cdot C3)^{1/3}$</td><td rowspan="9">实战性</td><td rowspan="9">$E = (D1 \cdot D2 \cdot D3)^{1/3}$</td></tr>
<tr><td>2</td><td>机械复杂程度</td><td>$A2$</td></tr>
<tr><td>3</td><td>操作持续性</td><td>$A3$</td></tr>
<tr><td>4</td><td>界面复杂程度</td><td>$A4$</td><td rowspan="3">以电气/自动为主</td><td rowspan="3">$B2 = (A4 \cdot A5 \cdot A6)^{1/3}$</td></tr>
<tr><td>5</td><td>操作并行性</td><td>$A5$</td></tr>
<tr><td>6</td><td>操作整体性</td><td>$A6$</td></tr>
<tr><td>7</td><td>智能高级程度</td><td>$A7$</td><td rowspan="3">以自主/智能为主</td><td rowspan="3">$B3 = (A7 \cdot A8 \cdot A9)^{1/3}$</td></tr>
<tr><td>8</td><td>智能整体性</td><td>$A8$</td></tr>
<tr><td>9</td><td>智能群体性</td><td>$A9$</td></tr>
</table>

续表

序号	5级要素		4级要素值		3级要素值		2级要素值	1级要素值
	打分要素名称	按准则打分（归一化后）						
10	环境要求	$A10$	以专业打理为主	$B4=(A10\cdot A11\cdot A12)^{1/3}$	易打理性	$C2=(Bi+j)/2$ 其中$(i,j)=(4,0)$、$(5,1)$		
11	人员要求	$A11$						
12	设备要求	$A12$						
13	打理项目	$A13$	以日常打理为主	$B5=(A13\cdot A14\cdot A15)^{1/3}$				
14	打理周期	$A14$						
15	打理时间	$A15$						
16	—	—	不可维修	$B6=0.2$	易维修性	$C3=(Bi+j)/3$ 其中$(i,j)=(6,0)$、$(7,1)$、$(8,2)$		
17	确认故障	$A16$	可维修	$B7=(A16\cdot A17\cdot A18\cdot A19\cdot A20\cdot A21\cdot A22)^{1/7}$				
18	隔离故障	$A17$						
19	检测和隔离的手段	$A18$						
20	分解组合	$A19$						
21	拆卸安装	$A20$						
22	测试复核	$A21$						
23	修复地点	$A22$						
24	—	—	免维修	$B8=1$				

续表

序号	5级要素 打分要素名称	5级要素 按准则打分（归一化后）	4级要素值		3级要素值		2级要素值		1级要素值	
25	军民两用	$A23$	用途广	$B9=(A23\cdot A24\cdot A25\cdot A26)^{1/4}$	高价值性	$C4=(B9\cdot B10)^{1/2}$	实用性	$D2=(C4\cdot C5\cdot C6)^{1/3}$		
26	军种通用	$A24$								
27	平台通用	$A25$								
28	一专多用	$A26$								
29	发展潜力	$A27$	潜力大	$B10=(A27\cdot A28)^{1/2}$						
30	使用潜力	$A28$								
31	可靠性	$A29$	健壮牢固	$B11=(A29\cdot A30\cdot A31\cdot A32)^{1/4}$	高皮实性	$C5=(B11\cdot B12)^{1/2}$				
32	健壮性	$A30$								
33	适用性	$A31$								
34	兼容性	$A32$								
35	寿命	$A33$	经久耐用	$B12=(A33\cdot A34)^{1/2}$						
36	强度（含环境/频次）	$A34$								
37	研制承受度	$A35$	研制采购承受度	$B13=(A35\cdot A36)^{1/2}$	高承受性	$C6=(B13\cdot B14)^{1/2}$				
38	生产承受度	$A36$								

续表

序号	5级要素		4级要素值		3级要素值		2级要素值		1级要素值	
	打分要素名称	按准则打分（归一化后）								
39	保障程度	$A37$	使用保障承受度	$B14 = (A37 \cdot A38)^{1/2}$						
40	保障通用性	$A38$								
41	机动性	$A39$	机动力	$B15 = (A39 \cdot A40 \cdot A41)^{1/3}$	强作战能力	$C7 = (B15 \cdot B16 \cdot B17 \cdot B18 \cdot B19)^{1/5}$	管用性	$D3 = (C7 \cdot C8 \cdot C9)^{1/3}$		
42	投送比冲	$A40$								
43	机动域	$A41$								
44	打击范围	$A42$	火力	$B16 = (A42 \cdot A43 \cdot A44 \cdot A45)^{1/4}$						
45	打击目标	$A43$								
46	毁伤能力	$A44$								
47	密度	$A45$								
48	贮存	$A46$	保障力	$B17 = (A46 \cdot A47 \cdot A48 \cdot A49 \cdot A50)^{1/5}$						
49	运输	$A47$								
50	供应	$A48$								
51	管理	$A49$								
52	修理	$A50$								

续表

序号	5级要素		4级要素值		3级要素值		2级要素值		1级要素值	
	打分要素名称	按准则打分（归一化后）								
53	感知	$A51$	信息力	$B18=(A51\cdot A52\cdot A53)^{1/3}$						
54	处理	$A52$								
55	传输	$A53$								
56	隐蔽性	$A54$	防护力	$B19=(A54\cdot A55\cdot A56\cdot A57)^{1/4}$						
57	抗毁性	$A55$								
58	软防护	$A56$								
59	硬防护	$A57$								
60	强弱	$A58$	手段不对称	$B20=(A58\cdot A59)^{1/2}$	强不对称性	$C8=(B21\cdot B22)^{1/2}$				
61	有无	$A59$								
62	代差	$A60$	力量不对称	$B21=(A60\cdot A61)^{1/2}$						
63	量差	$A61$								
64	域差	$A62$	空间不对称	$B22=A62$						

续表

序号	5级要素		4级要素值		3级要素值		2级要素值		1级要素值	
	打分要素名称	按准则打分（归一化后）								
65	设计自主	$A63$	自主性	$B23=(A63\cdot A64\cdot A65)^{1/3}$	强自主可控	$C9=(B23\cdot B24)^{1/2}$				
66	生产自主	$A64$								
67	保障自主	$A65$								
68	质量可控	$A66$	可控性	$B24=(A66\cdot A67\cdot A68)^{1/3}$						
69	成本可控	$A67$								
70	渠道可控	$A68$								

附录 D　术语

1. 固有属性/偶有属性

如果某种属性为某类事物全部成员所具有，则称为该类对象的固有属性；如果某种属性仅为某类事物部分成员所具有，则称为该类对象的偶有属性。以商品为例，劳动产品是商品的共有属性，也是商品的固有属性；至于物美价廉则是商品的偶有属性，因为并不是所有的商品都是物美价廉的。

2. 情商/智商

情商（Emotional Quotient）通常是指情绪商数，简称 EQ，主要是指人在情绪、情感、意志、耐受挫折等方面的品质。人与人之间的情商并无明显的先天差别，更多与后天的培养息息相关，提高情商是把不能控制情绪变为可以控制情绪。智商（Intelligence Quotient）是指智力商数，是人认知能力的度量，包括观察力、记忆力、想象力、分析判断力、思维能力、应变能力等。

3. 健壮性

健壮性（Robustness）又称鲁棒性，是指控制系统在一定（结构、大小）的参数摄动下，维持其某些特性的能力，是系统在异常和危险情况下生存的关键。比如计算机软件在输入错误、磁盘故障、网络过载或有意攻击情况下，不死机、不崩溃的能力，就是该软件的健壮性。

4. 用户体验

用户体检（User Experience）是指用户使用一项产品的全部体验，是用户的印象和感觉。具体来说，是用户在使用产品过程中的享受程度，决定用户是否还想再来使用该产品。

后记

作者团队完成此书的创作分为两个阶段：第一个阶段是概念和方法研究，以及研究报告的撰写，始于 2015 年 10 月，结束于 2018 年 3 月；第二个阶段是书籍的撰写，始于 2018 年 3 月，结束于 2019 年 1 月份。

研究和创作工作由航天三院牵头，会同航天二院、四院，中国空空导弹研究院等单位共同完成。目光团队由目光、王长青、宁国栋、禹磊、于英扬、魏然、熊灵芳、钱勤建、姜百汇、张永平等组成。问题的提出、研究的重点和方向、写作的内容和重点由目光、王长青、宁国栋提出和把关；具体的研究和写作工作由禹磊为主、于英扬辅助完成；涉及到弹道导弹、防空导弹和空空导弹的相关内容，分别由何冉、魏然、钱勤建完成；姜百汇、张永平负责研究和写作过程中的协调、保障工作。

在研究和写作过程中，得到了科工集团潘旭东，航天三院张险峰、胡万海、宋斌、庄剑、程进、张克、潘幸华、李长文、薛翠利、王健、王俊杰、李士强、于长波、蒋鲁峰、张宏、段春全、吴长勇、王旭、王赫、褚显应、毛凯、李子峰，航天二院冯杰鸿、张维刚、唐明南、卓志敏、韩林频、李建荣、张承龙、刘海军，航天四院钟世勇、何冉、赵友铖、郭冬子、张涌、杨长寿、赵飞、沈玉梅、张崇军，空空导弹研究院樊会涛、王铮、刘代军、白晓东、崔颢、张同贺、吴催生、张文山、张蓬蓬、闫俊、段鹏飞、陈辛、郭正玉、张雪、田鹏等专家的指导和帮助。

研究和写作过程历时 3 年，本书经历数次重大修改。对一个全新的研究领域，从问题提出、概念确定，到理论和方法研究全过程，笔者付出了极大的努力和艰辛，在研究和写作过程中产生了深刻的体会和感悟。

这是一个里程碑。实战化本是一个大多数人都说不清楚的命题，即使是常年从事此项工作的专业人员，也有许多问题搞不清、弄不明，或者无从下手。这种无从下手导致了许多实战化评价都是定性而难以定量，简化而不敢复杂，理想化而不敢实际化，达标即可而不敢轻易加严。本书的研究全面回答、解决了这些问题，定量给出了什么才是实战化的武器装备，毫不“缩水”的68个设计指标、数百个评价准则同样也是考核指标，从现实需求、高科技民用技术转化的角度指出了技术必须提高的方向，即使是美军极为先进的LRASM导弹在维修保障等许多方面得分也是及格上下。可能仍有一些不足，但是其综合研究成果是一个里程碑。

这是一趟精神洗礼。从2015年10月开始研究，到今日完成书稿的创作，三年多的时间过去了，在这三年多的时间里，从最初的朦胧认识、方向性把握，到后来逐步搞清了实战化的内涵、关键特征，再到后来形成较为完整的评价指标、准则体系，可以流畅打分、评价、分析，并认识到实战化是个系统工程，这是一个难以想象的过程，研究思路、方法完全脱离了传统，需要一直走下去的勇力，需要笃信问题再复杂却仍有解决之道的信念。长时间的实战化研究使得“入戏”颇深，不仅仅是设计工作，即使是日常生活，遇到实战化不强的产品、事情、策划时，都忍不住想解剖其实战化问题，并改造一番，使其实战化增长。

这是一次收获之旅。收获了胆识，收获了突破六性即实战化的理论、勇气和胆识，收获了开拓新领域、挖掘深层次问题根源、树立问题意识的行动自觉，收获了博采众长、参考借鉴的胸怀和方法，收获了钻研攻关、克服困难、众志成城的作风和意志。收获了极致设计、实战化研究的习惯。等效边长法，经过数学上的精确计算、评比，在多属性均衡评价领域是一个非常完美的方法，既简单，又高效，解决了困扰大家多年的问题，没有对实战化、五维度本质的把握，没有打破旧有套路的决心意念，没有对数学灵性的交融感悟，没有静下心来回归本原的心境，没有对问题的蛛丝马迹孜孜不倦进行探索，这一方法就难以诞生；快速选择式的1分钟评价法，也是原点创新的典范，以往进行五维度、实战化评价时，每个专家对单个武器装备的打分至少要耗费30分钟，一个系列下来精疲力尽，我们始终没有找到合适的方法来提高实战化评价方法自身的好用性，直到有一天，受原点创新启发，绕来绕去为何不直面问题？于是这种方法应运而生。

这是一场头脑风暴。当第一次看到完整的实战化指标体系，实战化三易、三高、三强要求时，既吃惊，又兴奋。吃惊的是这确实是第一次讲清楚了实战化到底应该是什么样的，清楚看到现有装备、现有设计方法距离实战化的差距，兴奋的是我们有了开展实战化设计工作的武器，我们有了比以前好得多的方法工具，我们可以很容易掌握实战化要领，我们可以掀起一场实战化跨越的革命。用户体验，这一IT界的常用词，初次与武器装备放到一起，显得有些别扭，可是通过对大量实战问题的层层剖解，却发现这是一个根本性的缺失，是相对武器装备功能能力最为空白的领域，以用户为中心的设计是实战化不可或缺的一部分。

虽然我们尽了最大的努力，也有很大的收获和体会，但囿于能力和水平，书中难免存在缺陷和不足，恳请读者批评和指正。

目光团队

2019年1月4日

参 考 文 献

[1] 叶甫根尼·亚历山大洛维奇·费多索夫. 俄罗斯院士回忆航空半世纪[M]. 李志，王永庆，译. 顾诵芬，审校. 北京：航空工业出版社，2017.

[2] 杨政卫. 玄武至尊-俄罗斯第五代战机 [M]. 北京：航空工业出版社，2014.

[3] ELIABETH G，MIKE K，ANDREA M. 洞察用户体验方法与实践（第2版）[M]. 刘吉昆，译. 北京：清华大学出版社，2010.

[4] 刘易斯·沃尔珀特，艾莉森·理查兹. 激情澎湃-科学家内心的世界[M]. 柯欣瑞，译. 上海：上海世纪出版集团、上海科技教育出版社，2007.

[5] 懒兔子. 医本正经 [M]. 北京：科学技术文献出版社，2017.

[6] 晨枫. 米高扬设计局与米格飞机 [M]. 北京：航空工业出版社，2014.

[7] 蒲小勃，许译. 波音鬼怪工厂 [M]. 北京：航空工业出版社，2013.

[8] 曹晓光. 亚太军力巡视-深度解读日本海上核心战力 [M]. 北京：航空工业出版社，2015.

[9] 杨刚. 第一次把事情做对 [M]. 北京：北京联合出版公司，2017.

[10] 史密斯. 航空母舰作战-危急关头的指挥决策Ⅱ [M]. 刘诚，滕玉军，李景泉，陈玉柱，孙莉，译. 北京：航空工业出版社，2012.

[11] 段卓毅. X系列飞行器概览 [M]. 北京：航空工业出版社，2017.

[12] 冯志光. 最新美国陆军武器系统-国家的支柱力量 [M]. 北京：航空工业出版社，2012.

[13] 晨枫. 苏霍伊设计局与苏霍伊飞机 [M]. 北京：航空工业出版社，2014.

[14] 季晓光. 苏联“暴风雪”号航天飞机 [M]. 北京：航空工业出版社，2015.

[15] 黄传跃. 重型直升机发展与应用 [M]. 北京：航空工业出版社，2017.

[16] 世界飞机手册编写组．世界飞机手册［M］．北京：航空工业出版社，2011.

[17] 陆军，郦能敬，曹晨，等．预警机系统导论（第二版）［M］．北京：国防工业出版社，2011.

[18] 《世界导弹大全》修订委员会．世界导弹大全（第三版）［M］．北京：军事科学出版社，2011.

[19] 关于手机及苹果手机的相关信息，部分来源于“知乎”手机应用的用户回答.

[20] 黄茂兴．竞争力力量的百年流变及其在当代的拓展研究［M］．北京：中国社会科学出版社，2017.

[21] Jesse James Garrett. 用户体验要素-以用户为中心的产品设计［M］．范晓燕，译．北京：机械工业出版社，2011.

[22] 部分武器装备信息来源于“百度百科”.

[23] 鲁媛媛，唐胜景．国外近程地地战术弹道导弹发展现状分析［J］．飞航导弹，2009（3）.

[24] 邱淮建，刘沛伟．地地战术弹道导弹发展历程［J］．E927 国防科技，2003，08.

[25] 范金龙，武健，夏维．国外弹道导弹的发展现状与关键技术［J］．飞航导弹，2016（4）.